수줍은 리더십
: 예비리더 핵심파일

수줍은 리더십 : 예비리더 핵심파일

저자 양형주

초판 1쇄 발행 2020. 12. 3.
초판 4쇄 발행 2024. 4. 11.

발행처 도서출판 브니엘
발행인 권혁선

책임교정 조은경
책임영업 기태훈
책임편집 브니엘 디자인실

등록번호 서울 제2006-50호
등록일자 2006. 9. 11.

서울특별시 송파구 백제고분로28길 25 B101호 (05590)
마케팅부 02)421-3436
편집부 02)421-3487
팩시밀리 02)421-3438

ISBN 979-11-90308-35-9 03230

독자의견 02)421-3487
이메일 editorkhs@empal.com

북카페 주소 cafe.naver.com/penielpub.cafe
인스타그램 @peniel_books

도서출판 브니엘은 독자들의 원고를 설레는 마음으로 기다리고 있습니다.
위의 이메일로 간단한 기획 내용 및 원고, 연락처 등을 보내주십시오.

도서출판 브니엘은 갓구운 빵처럼 항상 신선한 책만을 고집합니다.

공동체에 하나님이 기뻐하시는 리더십을 세워가는

수줍은 리더십

: 예비리더 핵심파일 (LTS)

양형주 | 지음

어느 시대나 전성기를 누렸던 제국이나 공동체에는 전설 같은 리더들이 있었다. 13~14세기 전 세계를 재패했던 몽골제국에는 징기스칸과 더불어 기라성 같은 리더들이 제국을 떠받치고 있었다. 젤메 고아, 제베, 코빌라이, 수부타이, 야율초재 등 이들이 바로 제국통일의 위업을 징기스칸과 함께한 탁월한 리더들이었다. 이스라엘의 최고 전성기를 구가했던 다윗의 통치시절에도 함께했던 기라성 같은 30인의 장수들이 포진해 있었다. 이처럼 어느 공동체나 전성기에는 훌륭한 리더가 많이 배출된다. 건강하고 흥왕하는 공동체에는 항상 훌륭한 일꾼이 넘친다.

하지만 우리의 현실을 둘러보면 이와는 반대다. 어느 공동체든지 일할 사람이 부족하다. 연말 연초가 되면 일꾼이 부족해 함께할 리더를 찾느라 진땀을 뺀다. 함께하면 참 잘 감당할 것 같아 용기를 내 부탁하면 자신은 자격이 되지 않는다고 정색하며 거절한다. 이럴

땐 어떻게 해야 할까? 쿨 하게 알았다고 해야 할까, 아니면 좀 더 권면하는 것이 좋을까?

자신은 리더 자격이 되지 않는다고 수줍게 거절하는 이들에게 도대체 머뭇거리며 망설여지는 이유가 무엇이냐고, 좀 구체적으로 말해달라고 하면 어렵사리 이야기를 꺼낸다. 이들의 이야기를 듣다 보면 리더에 대한 일종의 편견이 자리 잡고 있음을 알게 된다.

"리더는 잘 이끄는 사람인데 나는 소심해서 잘 이끌지 못한다."

"리더는 모든 것을 잘 갖추어야 하는데 나는 그렇지 않다."

"리더는 좀 성격이 활달하고 사교적이라서 스스럼없이 다가가야 하는데 나는 그럴 성격이 못된다."

"리더는 성경을 많이 알아야 하는데 나는 성경을 잘 모른다."

"리더는 책임지는 자리인데 나는 책임질 만한 위인이 못된다."

"나는 이 공동체에 온 지 얼마 되지도 않았는데 어떻게 벌써 리더로 나서냐. 다른 이들의 눈치가 보여서 안 된다."

"나는 리더를 맡다 보면 상처받고 에너지 소진이 너무 심해 실족한다" 등등.

이러한 고백은 한편으로 일리가 있지만, 다른 한편 리더는 모든 것이 갖추어진 이상적이고 완벽한 사람이어야 한다는 일종의 고정관념에서 나오는 말들이다. 모든 게 완벽해서 이런저런 것을 갖추어야 된다는 식의 리더십 자질론은 상당수의 자원자를 부담스럽게 하고 중도에 포기하게 만든다.

하지만 예수님은 우리로 이런 리더가 되라고 부르지 않으셨다.

예수님은 단순히 "나를 따르라"고 부르셨다. 이런 면에서 리더는 '이끄는 자' 이전에 '따르는 자'다. 내가 이렇게 부족한데 과연 따를 수 있을까? 그러나 부르신 분이 그것까지 알고 부족한 우리를 부르셨다. 그렇다면 부름받은 자는 부르신 이가 자신의 부족한 면까지도 채워주실 것을 신뢰하고 응답해야 한다.

리더의 자리는 이런 믿음으로 순종하는 이들로 예수님을 가장 가까이에서 따르며, 예수님의 능력과 공급하심을 가장 생생하게 경험할 수 있는 특별한 자리다. 탁월한 영적 리더십은 자신의 능력과 자질이 아니라 예수님을 잘 따르는 데서 판가름난다. 이런 면에서 우리는 리더의 개념을 전면적으로 재검토해야 한다. 영적 리더십이 어떻게 작동하는지 새롭게 검토하다 보면 비록 부족하고 자격이 없어도 리더의 자리로 나아갈 수 있고, 리더가 된다는 것은 완벽하지 않아도 된다는 것을 새삼스럽게 깨닫게 된다.

이 책은 공동체의 영적 리더십을 격려하며 세우기 위해 집필되었다. 리더가 되기를 부담스러워하고 거부감이 있는 이들을 위해, 이들의 생각과 마음을 전환하여 기쁘게 주를 따라 가도록 격려하며 소망을 주기 위해서다.

이 책은 크게 4부로 구성되었다. 1부에서는 수줍은 리더십에 관한 것이다. 수줍은 리더십은 무엇이며 리더십 역동이 어떻게 형성되는가를 살핀다. 2부에서는 하나님은 수줍은 리더를 어떤 과정을 통해 세워 가시는가 하는 것이다. 이 과정을 이해하면 지금 겪고 있는 어려움과 갈등도 자연스러운 성화의 과정으로 받아들이게 되며, 사람을 바라보기보다 리더를 이끄시는 하나님을 신뢰하며 나아가게 된다. 더 깊이 있고 성숙한 리더의 토대를 마련하는 데 자양분이 될 것이다. 3부에서는 예수님을 따르는 충성되고 지혜로운 리더는 어떻게 준비해야 하는가에 관한 것이다. 청지기로서의 리더에게 필요한 지혜가 무엇인가를 살핀다. 4부에서는 리더가 종종 부담스러워하는 커뮤니케이션의 문제를 살핀다. 특별히 영적 커뮤니케이션의 토대가 되는 대내적 커뮤니케이션과 이를 기초로 한 대인커뮤니케이션에 대해 살핀다.

이 책의 토대는 오랜 세월을 거쳐 형성되었다. 내가 청년사역을 하던 때 리더들의 리더훈련학교(LTS)를 진행하며 강의기도 하였고, 새로 개척한 대전도안교회의 리더와 직분자들을 세울 때 이를 수정, 보완하여 시행했던 훈련내용이기도 하다. 이 책은 직분자나 항존직 훈련을 위해서도 유용하다. 이 내용으로 예비리더학교를 진행하고 나면 마음에 변화를 경험하고 새롭게 용기를 내 기쁘게 섬김의 자리로 나아가는 이들을 보게 될 것이다.

그동안 여러 사역자분이 리더훈련학교의 내용을 함께 공유할 수 있느냐고 문의하기도 하였지만, 그동안 이런저런 사정으로 여의치 않다가 이제야 내용을 정리하여 공개하게 됨을 양해 부탁드린다. 이 내용의 핵심 주제는 '수줍은 리더십'이다. 즉 수줍은 사람도 리더가 될 수 있다는 것이다. 이는 자격 없는 우리를 빚어 하나님의 보배로운 질그릇으로 사용하시는 하나님의 주권적인 손길을 나타내는 표현이다.

부디 이 책을 통해 각 공동체에 청년 리더와 직분자들을 세우는 데 유용한 도움이 되기를 소망한다. 이 책은 예비리더학교나 리더훈련학교의 정규교재로 사용해도 좋고, 직분자나 항존직의 훈련에 사용해도 좋다. 각 장 말미에 있는 〈나눔 질문〉을 함께 나눌 수 있는 시간을 갖는다면 그 효과는 더욱 배가될 것이다. 비록 부족하지만 이 책을 통해 전국 각처에서 하나님의 나라를 위한 용기 있는 리더들을 배출하게 된다면 더 바랄 나위가 없겠다. 모든 영광을 하나님께 돌린다.

글쓴이 양형주

C · O · N · T · E · N · T · S
차 례

수줍어도
탁월한 리더가
될 수 있다

"그가 몸으로 대할 때는 약하고
그 말도 시원하지 않다 하니" (고후 10:10).

수줍은 나,
리더의 자격이 있을까?

부담스러운 영적 리더십

"죄송해요, 저는 리더십이 없어서요. 리더의 자질이 없어요…."

공동체에서 직책이나, 부서, 또는 소그룹 단위의 리더를 맡아 섬겨달라고 부탁하면 해마다 듣는 이야기다. 충분히 섬길 수 있는 자질과 영향력이 있음에도 불구하고 막상 리더로 섬기면 좋겠다고 이야기를 꺼내면 얼굴부터 빨개지며 부담스러워한다. 사실 새롭게 리더를 맡긴다고 더 특별한 무엇인가를 바라는 것이 아니다. 그저 그동안 기쁘게 공동체를 섬겼던 것처럼 조금 더 앞선 자리에서 그렇게 섬기면 충분하다. 그럼에도 불구하고 많은 성도의 마음에는 리더로 임명받아 섬기려면 여러 가지 능력과 자격을 갖추어야 한다는 생각이 많다. 이때 대부분 사람들의 마음에 덜컥 걸리는 점이 자신의 내향적인 성품이다.

리더의 자리를 부담스러워하는 이들의 이야기를 들어보면 다음과 같다. 리더는 앞에서 구성원을 이끌고 가야 하는 사람인데, 그러려면 여러 가지 면에서 주도성이 있어야 하고, 말도 잘해야 하며, 성품도 외향적이고 서글서글해서 사람들과 재미있게 소통할 수 있어야 한다는 것이다. 그러나 주도성이나 외향성은 이론적인 학습으로 갖출 수 있는 것이 아니다. 도리어 이런 면은 그가 어릴 때부터 가진 기질의 문제에 가깝다. 성격 유형검사를 해보면 천성적으로 외향적이고 주도적인 사람이 있는 반면, 내향적이고 덜 주도적인 사람도 있다. 이런 기질은 이미 수십 년간 자기 안에 내면화되어 익숙한 부분이다. 물론 환경에 따라 이런 기질이 바뀌기도 한다. 그러나 이런 기질과 성격의 유형은 그동안 살아오면서 오랫동안 우리 내면에 형성되어 왔기에 갑작스럽게 바꿀 수 없는 부분이 많다.

공동체의 신실한 구성원들에게 리더의 역할을 맡아달라고 부탁할 때 이들이 거절하는 이유를 보면 갑작스럽게 바꿀 수 없는, 바로 이 내면의 성품과 기질 부분을 두고 고민한다. 이는 훈련을 몇 개월 받는다고 해서 좀처럼 바뀌지 않는 부분이다.

그러나 주변의 훌륭한 영적 리더들을 차분하게 둘러보라. 외향적인 사람보다 도리어 내향적인 이가 많다. 훌륭한 정치 리더십의 모범으로 꼽히던 링컨 대통령을 보라. 그가 23세 때 일리노이주의 주의원 선거에 입후보했을 때 스프링필드의 〈상가몬 저널〉(Sangamon

Journal)은 링컨을 "수줍음이 아직은 가시지 않은 젊은이"로 소개했다.[1] 또한 삼성의 이건희 회장 역시 수줍어하고 부끄러움이 많아 다른들 사람 앞에 나서길 싫어하는 체질로 알려졌다.[2] 이러한 경험은 나의 경험과 크게 다르지 않다. 이따금 만나는 기독교계의 훌륭한 리더들과 이야기를 나누어보면 의외로 수줍음이 많아 나서기를 싫어하는 이가 많다.

그뿐만이 아니다. 성경의 인물들도 보면 수줍어서 나서기 싫어하는 이가 여럿이다. 구약의 가장 크고 위대한 리더로 여겨지는 모세는 불타는 떨기나무에서 하나님의 부르심을 받았을 때 수줍음이 많아 사람들 앞에 나서기 싫어했다. 그렇게 하기에는 두려움과 주저함이 너무나도 많았다. 하나님이 애굽에 가서 사명을 감당하라고 하자 모세는 자신은 자격이 안 된다고 계속해서 다섯 번이나 거부했다(출 3:11,13, 4:1,10,13). 급기야는 하나님께 "오 주여. 보낼 만한 자를 보내소서"(출 4:13)라고 간청한다. 자신은 보냄받을 만한 자가 아니고 그럴 자격도 없다고 생각했다.

이스라엘의 초대 왕이었던 사울은 어떠했는가? 사울이 처음 왕으로 뽑혔을 때 사람들은 당황하였다. 아무리 찾아도 그가 보이지 않았기 때문이다(삼상 10:21). 대충 보이게 숨은 것이 아니다. 아무도 찾을 수 없는 짐보따리들 사이에 꼭꼭 숨었다(삼상 10:22). 결국 하나님께 도대체 사울이 어디 있냐고 기도하여 응답을 받고서야 그를 찾을 수 있었다.

신약시대의 위대한 사도로 일컫는 바울도 겉으로 볼 때는 수줍음이 많고 인간적인 끌림이나 매력이 별로 없었던 것 같다. 고린도교회 성도들은 바울의 편지로는 많은 은혜를 받지만 직접 만났을 때는 인간적인 카리스마나 설득력이 매우 부족하다고 여겼다. 그래서 바울은 이들의 말을 인용해 자신이 "몸으로 대할 때는 약하고 그 말도 시원하지 않다"(고후 10:10)고 했다. 바울은 내면의 기질로 인해 고린도 교인들을 직접 대할 때는 유순하고 수줍어했다(고후 10:1).

부름받은 이들은 왜 이렇게 수줍음이 많을까? 왜 하나같이 자격이 없다고 고사하며 숨어버릴까? 정말 이들의 주장대로 리더십의 자질이 부족한 사람들일까? 결코 그렇지 않다. 이런 인물들이 나중에 귀하게 쓰임받는 것을 보면 이들을 리더로 부르셨던 하나님의 결정이 결코 틀리지 않았음을 알 수 있다. 그럼에도 이들은 왜 그토록 집요하게 하나님의 부르심을 거절했을까? 또 이들은 리더로 섬기는 것을 왜 그리도 부담스러워할까? 그것은 리더십에 대한 편향된 고정관념 때문이다.

수줍어하는 이들을 위한 책 「콰이어트」(Quiet)를 아는가? 이 책의 저자 수전 케인은 어릴 때부터 조용한 책벌레였지만, 외향적이고 사교적이며 주도적인 사람이 되어야 한다는 편견으로 인해 작가가 되고 싶은 열망을 짓누르고 기업과 대학에서 협상기법을 가르치는 변호사가 되었다. 하지만 그녀는 자신의 성향이 직업과 어울리지 않는 것 같아 여러 해를 고민했다. 그녀는 이 주제로 고민하고 탐구하다 마침내 수줍고 조용한 사람에게도 강력한 카리스마를 가진 이들을 압도하는 리더십의 좋은 자질이 있음을 발견하고 「콰이

어트」(Quiet)라는 책을 집필하여 세간의 주목을 받았다.[3] 그녀의 주장에 따르면 세상에는 이렇게 조용하고 수줍은 이들이 전 세계 인구의 3분의 1을 차지한다!

수줍어도 탁월한 리더가 될 수 있다
: 5단계 리더십

우리시대에 커다란 영향력을 미쳤다고 알려진 탁월한 리더들을 살펴보면 외향적인 기질이나 주변을 압도하는 카리스마와는 그다지 관계가 없는 경우가 많다. 아래 나열하는 리더의 이름은 한번쯤 들어보았을 것이다.

"스티브 잡스, 팀 쿡, 빌 게이츠, 사티아 나델라, 간디, 처칠,
한경직, 마더 테레사."

스티브 잡스는 애플을 창업한 CEO다. 팀 쿡은 그를 잇는 후임 CEO이고, 둘 다 하나같이 내향적인 성격이다. 빌 게이츠, 사티아 나델라 역시 마찬가지다. 컴퓨터 운영체제 윈도우를 개발하여 세계 최고의 부자 반열에 오른 빌 게이츠는 사람들 앞에 좀처럼 나서지 않는다. 오히려 조용히 은거하여 세상을 변화시킬 수 있는 방법을 모색하며 무시할 수 없는 영향력을 끼치고 있다. 사티아 나델라는 현재 마

이크로소프트의 CEO로 위기 가운데 있던 MS를 구원하여 다시 정상으로 올린 뛰어난 역량으로 주목받고 있다. 그는 조용하고 수줍은 성품으로 처음엔 그다지 주목받지 못했다. 그러나 갈수록 참신한 아이디어와 뛰어난 실행력으로 경영진의 주목을 받았고, 마침내 CEO로 발탁되어 마이크로소프트를 성공적으로 이끌어 가고 있다.

간디는 인도의 독립에 결정적인 영향력을 행사했던 정치적, 영적 리더이다. 처칠은 제2차 세계대전 시 연합군을 이끌며 영국 국민으로 끝까지 싸우도록 격려하며 마침내 승리를 거둔 영국의 수상이다. 한경직 목사는 한국교회에 상징적인 인물이다. 많은 존경과 사랑을 받았지만 그는 은퇴 후 조용한, 그러나 거대한 영향력을 한국 교계에 끼쳤다. 마더 테레사는 인도 빈민들의 어머니였을 뿐만 아니라 전 세계에서 몰려오는 구도자들에게 좋은 인도자이자 친구가 되어 커다란 영향력을 끼쳤다. 이들의 기질은 어떠했을까? 외향적이었을까? 자신감으로 충만했을까? 결코 그렇지 않다. 놀랍게도 이들의 기질은 하나같이 내향적이며 수줍어하고 조용한 곳에 머무는 것을 선호하는 스타일이었다. 때로는 너무나 조용하고 겸손해서 이렇게 해서 과연 이끌 수 있을까 싶은 생각이 들 정도였다. 이들은 하나같이 은자(隱者)의 리더였다. 조용한 곳에 들어가 좀처럼 밖으로 잘 나오지 않는 유형이었다.

미국의 경영 컨설턴트 짐 콜린스는 그의 책 「좋은 기업을 넘어 위대한 기업으로」에서 수많은 경영계의 리더를 조사한 후, 그 특징에 따라 다음과 같은 다섯 단계 유형으로 분류했다.[4]

▶ 단계 1. 능력이 뛰어난 개인

재능과 지식, 기술, 좋은 직업 습관으로 생산적인 기여를 한다. 뛰어난 역량으로 자신에 맡겨진 분야에서 상당한 성과를 거둔다. 그러나 다른 사람과의 관계에서는 종종 충돌과 갈등을 경험하기도 한다.

▶ 단계 2. 합심하는 팀원

집단의 목표 달성을 위해 개인의 능력을 바치며, 구성된 집단에서 다른 사람과 효율적으로 일한다. 이들은 함께 일하며 더욱 큰 시너지효과를 경험한다.

▶ 단계 3. 역량 있는 관리자

이미 결정된 목표를 효율적으로 추구할 수 있는 방향으로 사람과 자원을 조직한다. 그는 한 개인을 넘어 조직으로 일하는 법을 아는 사람이다.

▶ 단계 4. 유능한 리더

분명한 비전에 대한 책임 의식을 촉구하고, 그것을 정력적으로 추구하게 되며, 보다 높은 성취 기준을 자극한다.

▶ 단계 5. 리더

단계 1부터 4까지의 리더십을 뛰어넘어 개인적 겸양과 직업적 의지를 역설적으로 융합하여 지속적인 성과를 일구어낸다. 지속적인 성과를 낸다는 것은 결코 쉽지 않다.

어떤 기업이라도 사업이 잘될 때가 있지만 바닥을 칠 때도 있기 마련이다. 그런데 이런 기복을 최소화하고 지속적인 성장을 일구어내며 그러한 시스템을 갖춘다는 것은 단순한 성과와 역량을 넘어 영속적인 기업의 경영철학과 장기적인 전략을 갖추고 추구함을 의미한다.

짐 콜린스의 조사결과, 위대한 기업의 리더들을 보면 외향적인 기질이 모자란 단계 5의 리더들이 대부분이었다. 이들은 역설적인 이중성을 갖고 있다. 겸손하고 수줍고 때로는 볼품없다. 하지만 자신에게 주어진 사명에 대해서 만큼은 최선을 다하여 열정적으로 덤벼든다. 이들은 자신의 욕심과 야망이 아니라 자신을 뛰어넘어 더 큰 대의와 조직의 부름(사명)을 느끼고 여기에 불굴의 의지로 헌신한다.

이러한 연구결과는 수줍어도 탁월한 리더가 될 수 있음을 보여주는 중요한 성과이다. 이렇게 볼 때 부끄러움 많은 내향적 기질이 리더가 되는 데 걸림돌이 될 수는 없음을 알 수 있다. 도리어 이런 기질은 단계 5의 리더들이 가진 좋은 장점 중 하나이다.

단계 5 리더의 내향성과 겸양은 성경의 리더들에게도 나타난다. 모세를 보라. 하나님이 그를 처음 부르셨을 때 그는 앞으로 나설 생각을 전혀 하지 않았다. 자기 능력에 대해 과신하지도 않았다. 도리어 자신은 도저히 능력이 되지 않고 자격도 되지 않으니 가지 않겠다고 계속해서 거절했다. 기드온은 어떤가? 하나님이 부르시기 전 그는 미디안 사람의 경계를 피해 포도주 틀에서 몰래 밀을 타작하던, 겁 많고 소심했던 청년이었다(삿 6:11). 이처럼 자신감 부족과 내향성은 성경에 등장하는 영적 리더들의 공통된 특징이다.

그렇다면 리더에게 중요한 자질은 무엇일까? 이를 살펴보려면 리더십에 대한 편향된 고정관념부터 교정해야 한다. 그러려면 리더십은 무엇이고, 영적 리더십이란 무엇인가를 먼저 살펴봐야 한다.

리더십이란?

리더십(leadership)은 '리더'(leader)와 자질, 상태, 기능 등을 의미하는 접미어 '십'(ship)이 결합한 단어다. 리더는 '리드'(lead)하는 사람이고, 리드하는 사람에게 필요한 자질과 역량이 리더십이다.

여기서 우리는 '리드'한다는 말이 무슨 뜻인지 생각해 볼 필요가 있다. 우리는 '리드'한다는 말을 '앞장서야 한다'는 뜻으로 생각하는 경향이 있다. 마치 전장에 앞장서서 '나를 따르라'고 외치는 장수와 같은 역할을 생각하는 것이다. 그런데 '나를 따르라'고 외치며 전장에 앞장서는 장수는 어떻게 될까? 대부분 적군의 타깃이 되어 가장 먼저 화살에 맞아 쓰러져 죽는다. 쓰러져 죽어가면서 '내가 죽는다는 것을 알리지 말라'고 하지 않는가? 이런 리더가 되어야 한다면 리더가 되는 것에 대한 부담이 엄청나다. 거의 죽기를 각오하고 뛰어들어야 하고, 가장 먼저 죽을 생각을 해야 하며, 자기가 죽어도 알리지 않고 조용히 사라져야 한다는 부담이 생긴다.

그러나 리더는 전장에서 반드시 앞장서야 하는 것은 아니다. 사실 많은 이가 리더라고 하면 온갖 위험을 무릅쓰고 가장 앞서 희생해야 한다는 고정관념을 갖고 있다. 이런 관념에서 비롯한 책임에 대한 막중한 부담감 때문에 리더를 맡기가 꺼려지는 것이다. 리더는 영향력에 관한 것이다. 굳이 앞에서 이끌어 가지 않더라도 구성원 모두의 마음을 모아 함께 싸워 이기도록 선한 영향력을 끼치면 되는 것이다. 게다가 요즘에는 앞장서서 이끌고 나가려고 하면 "자기 혼자서 다 하려고 한다"라고 서운해하며 다 흩어진다.

다윗을 보라. 젊을 때는 전장에 앞서 나가 싸웠지만 전장에서 죽을 뻔한 위험을 겪고 난 후에는 부하들이 그에게 전장에 나갈 것을 만류했다(삼하 21:17). 대신 다윗은 부하 장수 요압을 내세웠다. 이후 전장에서는 요압이 항상 앞장섰다. 하지만 다윗의 부대는 항상 승승장구했다. 이처럼 리더라고 항상 앞장서야 하는 것은 아니다. 그리고 항상 앞장서야만 좋은 결과가 나오는 것도 아니다. 이런 면에서 리더는 몸으로 제일 앞에 나서기 이전에 공동체의 목표에 도달하도록 선한 영향력을 끼치고, 그 목표에 도달하기 위해 가장 적합한 길을 모색하며, 그에 합당한 사람을 선발해서 적재적소에 배치하는 사람이다.

그렇다면 리더란 누구인가? 공동체의 목표와 부르심을 아는 사람이다. 그리고 그 목표를 향하여 함께 나아가도록 공동체의 관계 속에서 선한 영향력을 발휘하는 사람이다. 또 각각의 구성원에게 가장 적합한 역할이 무엇인지를 함께 고민하고 찾아 위임할 수 있는 사람이다. 이 일은 외향적이라고 잘 감당하는 것이 아니다. 도리어 공동체의 부르심에 대해 깊이 숙고하고, 구성원 하나하나를 깊이 생각하며 배려할 때 더 좋은 결과를 가져올 수 있다. 이런 깊은 고민과 배려에는 내향적인 기질이 훨씬 더 도움이 된다.

리더십 효과(Leadership Effect)

리더십이 효과적이려면 리더의 죄성을 효과적으로 제어해야 한다. 죄성의 핵심에는 자기중심성이 있다. 리더가 유능하고, 소통도 잘하며, 부지런하고, 친화력도 뛰어나다. 그렇다면 뛰어난 리더가 아닐까? 그러나 모두가 그를 신뢰하지 않고 가능한 피하고 싶어 한다. 왜 그럴까? 그 중심에는 리더의 자기중심성이 있기 때문이다. 자기중심적 설득, 자기중심적 열심, 자기 이익을 위한 의도적인 친화력과 같은 것들은 나중에 리더의 이기적인 의도가 알려질 때 구성원들로 질색하며 떠나가게 한다. 그렇게 구성원이 없는 리더십은 더이상 발휘될 수 없다.

리더십이 효과적이려면 자기중심성이 작아야 한다. 다음의 공식을 보라.

$$\frac{\text{능력} + \text{재능} + \text{소통} + \text{성실성} + \text{일관성} + \text{친밀감} + \text{나눔과 베풂} + \text{호의}}{\text{자기중심성}} = \text{리더십 효과}$$

리더십이 효과적이려면 자기중심성이 작아야 한다. 그리스도 안에서 리더의 자아가 날마다 죽어야 한다. 우리는 그리스도의 영광을 위하여 "나는 날마다 죽노라"(고전 15:31)고 고백한 사도 바울의 외침에 귀를 기울일 필요가 있다.

영적 리더십과 목적이 이끄는 공동체

새들백교회 릭 워렌 목사의 책「목적이 이끄는 삶」은 미국 내에서만 3천만 부가 판매되고, 전 세계 50개 언어로 번역되어 교인뿐 아니라 비신자에게도 널리 읽힌 책이다.[5] 한때 미국의 전설적인 올림픽 수영 금메달리스트였던 마이클 펠프스는 정체성의 혼란과 더불어 우울증과 자살 충동에 시달리며 힘든 시기를 겪었다. 이때 그를 살린 책이 바로「목적이 이끄는 삶」이었다.[6] 이 책이 전 세계의 수많은 사람에게 영향을 끼친 중요한 이유는 이 책이 인생의 패러다임 전환을 자극했기 때문이다. 이 책 1장은 이렇게 시작한다.[7]

"삶의 목적이란 우리 개인의 성취감, 마음의 평안과 행복감 이

상의 것이며, 가족과 직업, 그리고 우리의 가장 큰 꿈과 야망
보다도 훨씬 더 큰 것이다. 우리가 이 땅에 사는 이유를 알고
싶다면 모든 생각은 하나님으로부터 시작되어야 한다. 왜냐
하면 우리는 그분의 목적에 의해서 그분의 목적을 위하여 창
조되었기 때문이다."

이러한 내용은 자기중심적인 삶의 목표를 붙잡으려고 방황하던
펠프스에게 신선한 충격을 주었다. 일반적으로 삶에 대한 사람들의
고민은 '나는 무엇이 되기를 원하는가?' '나는 무엇을 해야 하는가?'
'나의 목표, 나의 야망, 나의 미래를 위한 나의 꿈은 과연 무엇인
가?' 등이다. 그러나 모든 초점을 '나'에게만 맞춘다면 삶의 목적은
찾을 수 없다. 왜냐하면 삶의 목적은 하나님이 인간을 창조한 목적
을 알아야 제대로 발견될 수 있기 때문이다.

이 목적을 발견하면 필연적으로 연결되는 것이 바로 '목적이 이
끄는 공동체'다. 그래서 릭 워렌은 「목적이 이끄는 삶」 이후, '목적
이 이끄는 공동체'를 집필하였다. 이는 후에 「공동체를 세우는 삶」
으로 번역되어 나왔다.[8] 이 책이 던지는 질문은 '우리는 왜 이 세상
에 존재하는가?'이다. 하나님의 영광을 위하여 우리를 불러주셨으
니 함께 이 목적을 이루며 풍성한 삶을 누리자는 것이다. "교회는 그
의 몸이니 만물 안에서 만물을 충만하게 하시는 이의 충만함이니라"
(엡 1:23).

이렇게 볼 때 성도의 개인적인 삶에서뿐만 아니라 공동체에서도

중요한 점이 목적이다. 사사로운 목적, 리더 개인의 야망을 위해 구성원을 동원하는 목적이 아니라 우리보다 더 크신 하나님이 부르신 목적이다. 함께 모인 그곳에서 목적을 발견하고 함께 이 목적을 향해 나아가야 한다. 영적 리더십의 출발이 바로 여기에 있다. 공동체의 구성원이 하나님이 부르신 목적을 향하여 함께 나아가도록 하는 데 필요한 것, 이것이 바로 영적 리더십이다.

목적을 상실할 때 찾아오는 자기 소견

리더가 부르심을 망각하고 자기 야망에 사로잡히기 시작할 때 공동체 또한 공동의 목표를 상실하기 쉽다. 리더와 팔로워 모두가 공동의 부르심(목적)을 상실할 때 찾아오는 현상이 있다. 그것은 각자 소견에 옳은 대로 행하는 것이다. 자기 소견에 옳은 대로 그릇된 자기중심적인 야망을 따라 나가는 것이다. 그 대표적인 사례가 구약 성경의 사사다.

"그때에는 이스라엘에 왕이 없었으므로 사람마다 자기 소견에 옳은 대로 행하였더라"(삿 17:6).

사사시대 이스라엘에 왕은 오직 여호와 하나님뿐이었다. 그런데 그들이 왕을 저버리자 하나님의 부르심을 잊어버리고 자기 소견을 추구하기 시작했다. 그 결과 찾아온 것이 대혼란이었다. 급기야는 지파와 지파끼리 전쟁이 일어나고 한 지파(베냐민)가 거의 소멸 직전까지 갔다(삿 21:6). 이런 끔찍한 민족상잔과 영적 혼란의 결론 끝에 사사기는 다시 한번 이 모든 원인을 한 문장으로 요약한다.

"그때에 이스라엘에 왕이 없으므로 사람이 각기 자기의 소견에 옳은 대로 행하였더라"(삿 21:25).

참되신 왕이 부르는 공동의 부르심을 잊어버릴 때 사람은 자기 죄성으로부터 나오는 자기 야망과 욕망을 따라가기 시작한다. 영적 리더십은 구성원 모두가 공동체를 향한 하나님의 부르심을 발견할 때 제대로 구현될 수 있다.

영적 리더십을 구성하는 요소들

영적 리더십이 제대로 발휘되려면 어떠한 요소가 필요할까? 영적 리더십을 구성하는 요소들을 생각해보자. 리더십을 발휘하는 자리는 적어도 두세 사람이 주님의 이름으로 모인 공동체다. 리더십은 혼자 발휘하는 영향력이 아니다. 관계 속에 발휘하는 영향력이다. 관계는 이중적이다. 먼저는 하나님과의 관계이고, 다른 하나는 리더의 영향력을 받아 함께 공동체를 이루는 팔로워들과의 관계이다.

기억해야 할 것은 우리가 추구하는 리더십이 영적 리더십이라는 점이다. 이는 공동체의 목적과 부르심이 영적인 것이고, 리더와 팔로워들에게 영향을 주어 움직이게 하는 수단, 방법, 자원도 영적인 것이어야 함을 의미한다. 여기서 영적이라는 것은 하나님과의 관계 속에서 이루어짐을 의미한다.

리더는 결코 앞서가는 최종 책임자나 인도자가 아니다. 최종적인 리더, 최종적인 왕은 하나님이시다. 왕의 부르심 아래 리더와 팔로워가 함께 합력하여 그의 선하고 기뻐하고 온전하신 뜻을 이루어가야 한다.

따라서 리더는 본질적인 면에서 위로부터의 부르심을 따라가는 팔로워다. 공동체를 향한 부르심에 함께 반응하여 공동체에 선한 영향력을 끼쳐 부르신 곳을 향하여 공동체가 움직이도록 하는 것이 영적 리더십의 본질이다. 따라서 리더는 왕이 아니라 부름받은 팔로워이자 청지기요 종이다. 이것이 바울과 베드로와 같은 이들이 자신을 예수 그리스도의 '종'이자 '사도'로 소개하는 이유이다(롬 1:1, 딛 1:1, 벧후 1:1).

1세기 로마제국의 통치 아래 '종'이란 오직 주인을 위해 사는 사람, 곧 노예를 의미했다. 종의 정체성은 세상의 제도와 문화에 의해 결정되는 것이 아니라 오직 주인에 의해 결정되었다.[9] 이들은 또한 자신을 '사도'로 소개했다. 사도는 주인 대신 위임받아 주인의 일을 하도록 보냄받은 사람으로, 로마제국에서는 황제의 명을 받아 분쟁 중에 갈등을 해결하기 위해 적국으로 파송되는 사람을 가리킨다.[10]

리더는 최종적인 왕이 아니다. 리더는 왕의 부름을 받아 왕의 명령을 제일 앞서 따르는 팔로워일 뿐이다. 이런 면에서 리더는 공동체의 팔로워들에게 겸손함으로 다가가야 한다. 동시에 왕이 허락한 권위를 갖고 선한 영향력을 행사해야 한다. 권위는 절대 리더에게 사유화된 것이 아니다. 이는 리더가 왕의 부르심을 수행하도록 잠시 허락받은 것일 뿐이다. 리더에게 허락하신 권위를 리더가 얼마나 선하게 사용하였는가는 나중에 하나님의 심판대 앞에서 판단받게 될 것이다(고후 5:10).

리더십이 이루어지려면 리더의 영향력을 받고 함께 따르는 자, 곧 팔로워(follower)가 있어야 한다. 팔로워는 리더의 영향력을 따라가기만 하는 것이 아니다. 왜냐하면 팔로워 가운데 주님의 임재가 함께하기 때문이다. 리더는 팔로워 가운데 역사하시는 주님의 직접적이고 놀라운 손길을 보고 공동체를 이끄는 것이 자신이 아니라 오직 주님임을 고백하게 된다. 이런 면에서 영적 리더십의 영향력은 종종 리더의 영향력 범위를 넘어선다. 이는 보이지 않는 곳에서 두세 사람이라도 주님의 이름으로 모인 곳에 역사하시는 주님의 임재와 손길 때문이다(마 18:20). 이런 면에서 영적 리더와 팔로워는 서로 영향을 주고받는다.

공동체가 부르심을 잘 감당하려면 리더와 팔로워 모두가 하나님의 은혜 아래 젖어 있어야 한다. 은혜가 있어야 서로를 격려하고 이해하고 도와가며 부르심을 향해 함께 갈 수 있다. 공동체에 은혜가 메마르면 공동체에는 죄성이 일어난다. 각자의 소견에 옳게 여기는 사심과 야망을 좇게 되고 공동체는 갈등과 분열을 겪는다.

영적 리더십은 반드시 영적 부르심을 전제로 한다. 나아가야 할 공동의 부르심이 없으면 이는 친목 단체나 다름없다. 리더와 팔로워는 각각 자기의 야망과 욕심을 추구하는 것이 아니라 하나님이 주신 공동의 부르심과 목표를 향하여 나아가야 한다.

영적 리더십에서 부르심이 영적인 목표라면 구성원에게 영향을 끼치는 수단 또한 영적이어야 한다. 영적인 목표를 추구할 때는 영적인 도구를 사용해야 효과적이다. 리더가 팔로워들에게 영향을 끼쳐 변화를 일으키는 과정을 소통, 즉 커뮤니케이션이라 한다. 소통은 언어를 통한 소통만이 아니라 정서의 소통, 영적 소통 등 다양한 차원이 함께 있다.

공동체의 소명은 당대에 성취되기도 하지만 때로는 세대와 세대를 넘어가기에 당대에 성취되지 못할 때도 있다. 아브라함을 보라. 아브라함은 하나님이 보내실 약속의 땅에 가서 큰 민족을 이루고 땅의 모든 족속이 그로 말미암아 복을 얻을 것이라는 부르심을 받았다(창 12:1-3). 그러나 그의 부르심이 성취된 때는 400년이 넘어서였다(창 15:13-14). 아브라함은 당대에 그 부르심을 온전히 성취하지 못했지만 믿음으로 하나님을 신뢰하며 믿음의 다음세대, 즉 이삭을 세워 그를 통해 이 부르심이 이어지도록 했다. 이처럼 공동체의 소명은 종종 다음세대로 이어진다. 영적 리더십은 부르심이 이어지도록 돕는 과정까지를 포함한다.

영적 리더십은 소명을 당대에 모두 성취해야만 하는 것이 아니다. 때로 영적 리더십은 소명을 성취하는 과정에서 멈추기도 한다. 아브라함이 그랬고, 이삭이 그랬으며, 야곱이 그랬고, 요셉이 그랬다. 또한 모세가 그랬고, 다윗이 그랬다. 이렇게 볼 때 리더십은 성취의 영역이라기보다 과정의 영역이다. 부르신 분의 뜻을 따라 공동체가 힘을 합쳐 끝까지 그 길을 잘 갈 수 있도록 돕는 과정인 것이다. 이런 면에서 영적 리더는 자신의 부르심이 끝난 이후에도 좋은 리더가 세워져 공동체에 계속해서 하나님의 뜻이 성취되어 갈 수 있도록 돕고 기도하며 영적 리더십을 승계해야 한다. 모세와 여호수아가 그랬고, 엘리야와 엘리사가 그랬으며, 예수님과 그의 제자들이 그랬다.

이러한 차원을 고려할 때 영적 리더십은 리더가 팔로워들에게 선한 영향력을 소통하여 영적 부르심을 향하여 나아가도록 하는 기술과 과정을 모두 포함한다. 이를 그림으로 보자면 〈그림 1〉과 같다.

〈그림 1〉과 같이 리더는 부르심을 향해 가야 한다. 이것은 리더 개인의 목표가 아니라 공동체의 목표, 즉 공동체의 영적 부르심이어야 한다. 목표는 리더 개인의 목표가 되어서는 안 된다. 그러면 리더의 목표를 위해 공동체를 이용하고 희생하는 이기적인 목적이 된다. 또 리더는 이 목표를 위해 팔로워, 곧 공동체에 선한 영향력을 끼치고 활발하게 소통하여 목표를 향해 움직이도록 해야 한다.

활발한 소통은 부르심을 향하여 구성원 모두가 함께 갈 수 있도록 각자가 갖고 있는 세계관과 삶의 전제를 공동체의 목표와 조율하는 과정이다. 각자 삶의 이야기와 전제와 동기가 다르기에, 영적 리

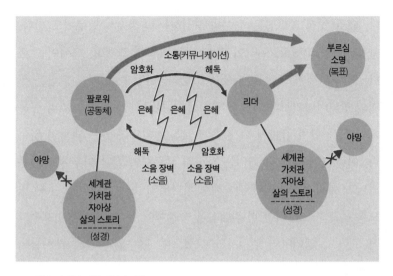

■ 그림 1. 리더십 과정 다이어그램

더는 팔로워들에게 끊임없이 선한 영향력을 흘려보내고 소통하여 공동체의 부르심을 향해 갈 수 있도록 격려해야 한다. 공동체가 공동의 소명에 초점을 맞추지 않으면 갈등과 잡음이 일어난다. 리더는 공동체에 끊임없이 소명을 상기시키며, 공동체의 구성원이 모두 함께 자기중심성을 죽이는 자기 부인의 과정을 거치고 오직 공동체를 향한 부르심이 각자의 삶과 공동체를 통해 이루어지도록 끊임없이 조율하며 나아갈 수 있게 영향력을 발휘해야 한다. 이에 관한 보다 구체적인 설명은 이 책 189~200쪽을 참조하라.

반드시 소명을 확인하라

어느 성도가 사업체를 운영하고 있었다. 혼자 시작했던 사업이 성장하여 어느덧 직원이 50여 명까지 있는 어엿한 중견 회사로 성장했다. 일이 바빴지만 돈은 잘 벌었다. 그런데 어느 순간부터 회사에 어려움이 찾아오기 시작했다. 중요한 직원들이 자꾸 이탈하여 다른 곳으로 독립해 나가면서 직원들의 동요가 일어난 것이다. 왜 자꾸 이런 일이 생기는지 모르겠다며 기도를 요청했다.

그래서 물어보았다. "직원들이 지금 이 회사에 다니는 이유가 무엇일까?" "직원들은 어떤 보람과 가치를 느낄까?" 그리고 "그 가치가 하나님 나라를 이루어가는 것과 무슨 상관이 있을까?" "일이 바쁘고 많고 힘들어도 직원들이 이 회사에 남아 있어야 할 이유가 무엇일까?" "그동안 회사가 고객을 만족시키기 위해 바빴다면 이제 회사가 직원과 함께 추구해야 할 하나님 나라의 가치는 무엇인가?" 그 가치를 찾지 못하면 이 직장은 단순한 돈벌이, 독립을 위해 이용해야 할 회사 이상의 가치를 갖지 못한다. 결국 월급이 나오기에 직장에 나오기는 하지만 그 이상의 하나님 나라를 추구하는 것과는 아무 상관이 없게 된다. 이런 일련의 질문에 이 성도는 당황하였다. 가치에 대해서 별로 생각해보지 않았기 때문이다. 직원들은 그저 월급을 받고 여기에 잘 있으면 그만이라고 생각하였다.

세상에 있는 회사라서 하나님 나라와 상관없을까? 아니다. 하나님은 도리어 그의 나라의 가치를 세상에서 구현하기 위해 성도를 불러 그를 통하여 세상 속에서 회사를 세우고 복을 주신다. 그동안 회사의 외형적 성장에 집중했다면 이제는 하나님의 부르심과 하나님 나라의 가치를 함께 발견하고 나아가야 한다. 어떤 공동체와 조직이든 간에 성도가 있는 그곳에서 성도는 명확한 부르심을 확인해야 한다. 그럴 때 비로소 그곳에 있어야 할 이유와 함께 선한 영적 영향력을 흘려보낼 수 있다.

영적 리더의 첫째 자질, 겸손

영적 리더에게 필요한 중요한 자질이 있다. 겸손이다. 겸손은 그저 "아니에요" "별말씀을요" 하면서 자신을 낮추는 말을 하는 것이 아니다. 엄격하게 말하면 이런 말은 매우 교만한 말이다. 다른 이들이 리더를 칭찬하는 말에 '아니라'고 하면 그의 생각과 의견을 무시하고 부정하는 말 아니겠는가? 진짜 겸손하다면 "감사합니다. 더욱 열심히 하겠습니다"는 말로 응답해야 한다. 칭찬도 받을 수 있어야 하는 것이 겸손이다.

겸손이란 영적 리더십을 행사하는 영역에서 참된 리더가 하나님임을 인정하는 것이다. 그리고 참된 리더이신 하나님을 드러나게 하는 것이 겸손이다. 하나님이 인도하시는 대로 리더는 그저 따라갈 뿐이고, 하나님의 인도 앞에 영적 영향력을 발휘하여 팔로워들로 하여금 함께 그분의 인도하심을 따라갈 수 있도록 도와야 한다.

겸손은 진정한 참된 리더가 하나님임을 인정하고 자신은 팔로워일 뿐임을 인정하고 드러내는 것이다. 영적 리더가 겸손할 때 자기 힘, 지식, 자기 경험과 지위를 함부로 사용하지 않고, 하나님이 주시는 때로는 불가해한 영적 자원들을 겸손하게 사용할 수 있다. 겸손이 있는 자리에는 하나님이 채워주시는 은혜가 있다. 반면 교만이 있는 자리에는 은혜가 메마르고 상처가 있고 평가와 정죄가 난무하게 된다.

리더십이 작동하는 방식을 이해하라

우리는 왜 리더로 부탁받으면 감사하게 순종하지 못하고 부담스러운 마음이 가득할까? 왜 내가 책임져야 한다는 생각에 마음이 짓눌릴까? 사실 이것은 우리나라의 환경적 토양이 중요한 영향을 끼치기 때문이다. 리더십은 진공상태에서 생겨나지 않는다. 공동체가 뿌리박고 있는 삶의 현실이라는 토양에서 생겨난다. 그렇다면 우리나라의 토양에서 리더십이란 어떤 역동으로 행사되어야 할까?

한국인의 환경 : 단일성, 밀집성

우리나라는 오랫동안 단일민족으로 살아왔다. 우리는 오랜 역사를 통해 강대국의 침입을 받으며 이를 극복하고 저항하면서 한민족이라는 단일성을 상당히 견고하게 형성하였다.[11] 최근 들어 외국인의 비율이 236만 명으로 4.6%를 넘어가고 있지만, 불과 2000년대 초반까지만 하더라도 외국인의 비율은 1% 미만이었다.[12]

우리나라는 자연환경도 비슷하다. 어디를 가나 비슷한 지형의 산세가 있고 비슷한 모양의 시내가 흐른다. 이웃 나라 일본만 하더라도 남북의 기후 차이가 상당히 크고 이에 따라 형성된 지형과 환경이 상이하다. 이웃 대륙 국가 중국은 말할 것도 없다. 심지어 사막까지 있다. 이런 환경으로 우리에게는 서로가 비슷한 곳에 살아가고, 비슷한 생각을 하며, 같은 말을 하는 단일민족의 독특한 의식이 오랜 세월을 통해 상당히 견고하게 뿌리박혀 있다. 이런 단일성으로 인해 우리는 조금만 차이가 나도 다른 것을 쉽게 틀린 것으로 여기고 배척한다. 창의적인 생각이 자랄 여유가 많지 않다.

세계적인 IT기업 애플의 모토는 "다르게 생각하라"(Think different)이다. 그러나 우리나라에서 다르게 생각하면 왜 너만 튀냐고 비난받기 쉽다. 단일성과 함께 우리 사회는 함께 밀집해 살아가는 특징이 있다. 전국 주요 도시마다 20~30층 이상의 고층 아파트가 빼곡하게 들어선 나라는 전 세계에서 한국이 거의 유일하다. 생각해보라. 비슷한 사람들끼리 빼곡하게 모여 살면 어떨까? 스트레스가 심하다. 동물도 키울 때 어느 정도 공간을 두고 키워야지, 축사에 빼곡하게 집어넣으면 상당한 스트레스를 받아 서로를 물고 공격한다. 밀집해서 같이 사는 것만으로도 스트레스가 되는 것이다. 그런데 나와 크게 다르지 않은 비슷한 이들이 가까이 붙어산다. 이렇게 단일성과 밀집성이 결합한 환경에서 자연스럽게 한국인이 갖고 있는 다음의 고유한 특성들이 나타난다.

한국인의 특성 : 획일성, 집중성, 조급성

비슷한 사람끼리 모여 살면 가장 먼저 획일성이 나타난다. 모두가 다 그렇게 한다면 나도 해야 할 것 같은 은근한 압박을 받는다. 우리는 이것을 '대세'라고 한다. 어떤 영화를 1,000만 명 이상 관람했다고 하면 나도 그 영화를 봐야 뒤처지지 않을 것 같다. 그 영화를 보는 것은 우리 사회의 '대세'가 된다. 어느 때부터인가 겨울에 롱패딩 점퍼가 유행이었다. 그러면 어느 순간부터 국민 모두가 교복을 입은 것처럼 롱패딩이 전국을 뒤덮는다. 롱패딩을 안 입고 돌아다니면 나만 뒤처지고 이상한 사람이 된다. 이런 가운데 생각하는 것도 획일적 사고를 강요받는다. 무엇인가 다르면 우리는 그것을 틀리다고 생각한다. 틀린 것이 아니라 다른 것임에도 우리는 다른 것을 마치 틀린 것처럼 여기고 배제한다. 다양성을 수용하는 것을 상당히 어려워한다.

둘째는 집중성이다. 모두가 다 똑같은데 누군가가 해외에서 유행이라고 하는 빨간 모자를 썼다고 해보자. 순간 모든 사람의 시선이 집중된다. 모두의 시선이 집중되는 특이한 모자를 한 사람만 쓰고 있고 다른 사람은 그 모자를 갖고 있지 않으면 부러움의 대상이된다. 그냥 빨간 모자 쓴 사람이 참 특이하고 개성 있다고 생각하고 받아들이면 되는데, 문제는 모두 비슷한 사람 중에서 유독 빨간 모자를 쓴 그 한 사람을 주목하고 부러워한다는 사실이다. 그러면 극도의 경쟁심을 갖고 너도나도 빨간 모자를 사서 쓰기 시작한다. 얼마 지나지 않아 빨간 모자는 대세가 되어 빨간 모자를 제쳐두고는 이야기가 되지 않는다. 이런 현상은 집단적 쏠림현상을 부추긴다. 이는 문화, 경제, 사회, 정치 등 우리가 살아가는 모든 영역에 나타나는 현상이다.

우리나라 인구 중 수도권 인구 집중률은 2020년 기준으로 51%이다.[13] 우리나라 총인구의 절반 이상이 수도권에 집중되어 있다. 이렇게 수도권으로 몰리는 이유는 무엇일까? 적어도 대세에 편승하려면 한국의 중심인 서울로 가야 한다는 생각 때문이다. 이것이 서울을 중심으로 한 중앙집중적 소용돌이식 쏠림현상을 일으키게 되었다.[14]

이런 집단적 쏠림현상의 문화적 현상이 2002년 월드컵 때 있었던 '붉은 악마' 응원단이다. 온 국민이 동일한 붉은 색깔의 티셔츠를 입고 "대~한민국!"을 외치는 것은 경기하는 우리 선수들에게는 격려가 되지만 상대편 선수들에게는 상당한 위압감을 준다. 이런 성향을 '몰개성적 합일주의'라고 표현하기도 한다.[15] 어느 맛집이 뜬다고 텔레비전에서 소개하면 전국에서 관광버스를 타고 순식간에 몰리는 것도 이와 무관하지 않다.

셋째는 조급성이다. 고도로 밀집된 한국의 환경은 사람들 사이에 부대끼는 긴장감을 고조시키고 경쟁을 부추기는데 이로 인해 사람들은 빨리 움직이게 되고 조급해진다.[16] 그러다 점점 극단적으로 되어간다. 사람들은 무엇을 하든지 여유롭기보다는 빨리, 경쟁적이고 극단적으로 하기 쉽다.

어느 목회자 컨퍼런스에서 저녁 만찬 때였다. 저녁은 뷔페식으로 풍성하게 차려졌다. 500명이 넘는 목회자들이 식사하기에 넉넉한 양이었다. 대표자가 식사기도를 마치자 놀라운 광경이 일어났다. 마치 100미터 달리기를 하듯 경쟁적으로 서로 달려가는 것이었다. 순식간에 식기가 있는 곳에 사람들이 몰렸고, 조금이라도 빨리 식사하려고 새치기가 일어나기도 했다. 그런데 그렇게 한 15분쯤이 지나자 한두 사람씩 떠나더니 순식간에 식사장소가 텅 비었다. 뷔페를 천천히 여유 있게 즐기며 대화도 나누고 교제도 나누면 좋을 텐데, 순식간에 달려가서 경쟁적으로 먹더니 곧바로 사라진 것이다. 이런 것을 보면 한국의 목회자들도 이런 한국인의 특성에서 자유로울 수 없음을 알 수 있다.

한국인의 정서 : 열등감, 우월감, 비교의식, 분노, 불안, 시기, 부정적 비판의식

이상으로 살펴본 한국인의 환경에서 나오는 특성들로 인하여 우리에게 스며든 기본적인 정서가 있다. 한국적인 상황에서 리더십을 발휘할 때 이런 정서를 고려하면 많은 도움이 된다.

한국인의 집중성과 쏠림성에서 비롯되는 극단적인 경쟁의식은 저변에 심각한 비교의식과 열등감을 양산한다. 집중성과 쏠림성은 줄 세우기 문화를 양산한다. 우리는 이미 고등학교 때부터 모의고사를 치르면서 전국 석차로 줄 세우기를 당했다. 전국 몇 등이 마치 자신의 전 존재인 것처럼 취급당했다. 이런 문화는 대학서열의 줄 세우기로 나타났다. 가장 앞의 소수를 제외하고는 모두 열등감에 사로잡히게 하는 정서를 양산했다. 소수의 명문대생을 제외하고는 많은 학생이 자신을 일종의 '루저'라고 생각한다.

전에 지방의 한 대학에서 강의할 때 1학년 신입생들에게 물어봤다. "자신이 수능을 망쳐 이 대학에 왔다고 생각하는 사람?" 손을 들어보라고 했다. 그러자 한두 명을 제외하고는 강의실에 앉아 있던 대부분의 학생이 손을 들었다. 이들의 내면에는 '난 원래 이런 대학 오면 안 되는 사람이야' '더 좋은 대학 갔어야 했는데' 하는 비교의식과 열등감, 그리고 패배감 같은 것이 들어 있었다. 이것이 소수의 명문대생을 제외하고 대부분의 학생이 느끼는 감정이라면, 우리나라 국민의 상당수는 이미 대학에 들어갈 때 집단적인 패배 의식과 열등감에 사로잡혀 괴로움을 겪게 된다.

이런 정서에서 '세계 최고' '세계 최초' '동양 최대' '국내 최대' '국내 최고' 등의 어구는 사람들에게 잘 통하는 수사다. 우리는 왜 최고, 최초, 최대와 같은 어구에 유독 관심이 쏠릴까? 그것은 극단적인 획일성과 쏠림현상 가운데 가장 앞서 나간 사람이 주목받기 때문이다.

이런 면에서 '명품 브랜드'는 우리나라에서 잘 통하는 전략이다.

사람들이 명품 브랜드에 열광하는 이유가 무엇인가? 명품으로 자신이 다른 사람보다 우월함을 드러낼 수 있다는 생각 때문이다. 최고의 브랜드, 소수의 VIP만 접근할 수 있는 브랜드에 우리나라 사람들은 열광한다. 그래서 우리나라는 해외 명품 브랜드들의 테스트 베드이자 각축장이다.

우리 사회에서 처음 만나 인사를 나누면 서로의 위치를 파악하여 줄서기 작업을 한다. 나이를 묻고, 학번을 묻고, 학교를 묻고, 사는 지역을 물으면서 누가 더 우위에 있는지를 가늠한다. 일단 고향 선배 또는 학교 선배가 되면 곧바로 말을 놓는다. 왜? 이미 줄서기 게임에서 서열 파악이 끝났기 때문이다. 앞서 있다고 결론 난 사람은 근거 없는 우월감과 자신감으로 상대방을 함부로 대하기 시작한다. 줄서기의 뒤편에 있는 것으로 파악된 사람은 근거 없는 열등감으로 굽신거리게 된다. 일단 선배라고 하면 고개를 숙여야 한다.

이런 열등감은 다른 한편으로 자기보다 낮은 위치에 있는 또 다른 사람을 만날 경우 상대적인 우월감으로 나타난다. 열등감과 우월감이 만나는 줄서기 게임의 결론에 따라 다르게 나타나는 것이다. 이런 것들이 교차하며 우리나라에 갑질문화를 양산해냈다. 사실 이런 갑질문화는 어릴 때부터 계속되었던 줄 세우기 문화가 바뀌지 않는 한 고치기가 쉽지 않다.

열등감과 우월감이 교차하는 정서 가운데 우리에게는 유난히 '비교의식'이 발달해 있다. 늘 남들과 견주어보고 다른 사람이 보기에 자신은 어떨까에 대해 지나치게 신경을 쓴다. 캠퍼스에서 강의할 때 수업 후 한 학생을 만나 고민을 상담한 적이 있다. "너는 나중에 어떤 삶을 살고 싶냐?"고 물었다. 그러자 대답이 "남부끄럽지 않은 삶"이었다. 좀 더 구체적으로 말해달라고 하자 "남이 보기에 부끄럽지 않은 직장"에 다니며, "남이 보기에 부끄럽지 않은 가정"을 꾸리고, "남이 보기에 부끄럽지 않은 인생"을 살고 싶다는 것이다. 삶의 기준이 온통 남의 시선에 가 있었다.

이런 정서 가운데 교회를 다닌다고 하면 가장 먼저 묻는 말이 몇 명 모이느냐는 것이다. 왜 그럴까? 교회의 건강성과는 상관없이 계량적으로 상대가 다니는 교회와 내가 다니는 교회의 우열을 가리기 위해서다. 교회의 명성과 유명세를 하나의 레이블처럼 여긴다. 나는 '이래 봬도 이런 크고 유명한 교회에 다니는 사람'이라는 자부심은 다른 사람에게 인정받고, 그들과 비교해서 비교우위에 있게 하는 사회적 자본(Social Capital)의 역할도 한다.

비교의식에서 느끼는 열등감과 우월감은 결국 그 내면에 잠재된 분노를 쌓는다. 우리에게는 열등감으로, 나보다 우위에 있는 이의 갑질로 인해 억눌린 분노가 있다. 그래서 이런 것들을 조금만 툭 건드리면 순식간에 분노가 폭발한다. 층간의 작은 소음도 칼부림으로 맞선다. 우리나라는 '분노 공화국'이다.

또한 우리에게는 극심한 경쟁 가운데 끊임없이 비교하고 뒤처지면 큰일 난다고 생각하며 자신을 끊임없이 다그치고 채찍질하는 불안감이 있다. 늘 불안하다. 밤에 잠도 잘 오지 않는다. 그래서 수면

장애로 고생하는 이들이 참 많다. 있는 모습 그대로 인정해주며, "그동안 수고 많았다"고, "이만하면 정말 장하다"고 격려하며 인정해주어야 하는데, 끊임없이 더 나은 사람, 더 앞선 사람과 비교하다 보니 칭찬에 인색하다. 격려에 인색하다. 그리고 다른 사람을 시기한다. 시기가 무엇인가? 내가 갖지 못한 것을 다른 사람이 가진 것에 대해 샘을 내고 미워하는 것이다. 그러다 보니 날카로운 비판은 많지만 진심 어린 인정과 칭찬이 드물다.

이런 정서 가운데 살아가는 이들에게 영적 리더십을 발휘한다는 것은 어떤 의미일까?

꽃들에게 희망이 있는가?

트리나 폴러스의 「꽃들에게 희망을」에 나오는 내용이다.[17] 애벌레들이 거대한 기둥을 이루어 서로를 짓밟고 올라가고 있었다. 다들 생각하기를 저 꼭대기에 도달하면 굉장히 좋은 것이 있을 것이라는 희망을 품고 있었다. 주인공인 줄무늬 애벌레도 이 기둥 안으로 들어갔다. 저 꼭대기에 무엇이 있는 줄 몰랐지만 다들 저 꼭대기에 올라가기 위해 고군분투하는 것을 보고 분명 저 꼭대기에는 대단한 것이 있을 것이라고 확신하게 되었다. 그래서 줄무늬 애벌레도 그 기둥으로 들어가 서로를 짓밟고 위로 올라갔다. 그런데 꼭대기 거의 끝 지점까지 왔을 때 제일 꼭대기에 올라가 있는 애벌레들이 속삭이는 소리를 들었다.

"어, 뭐야? 아무것도 없잖아!"

그러자 다른 애벌레가 대꾸했다.

"이 바보야, 조용히 해! 쉿!! 저 밑에서 듣잖아. 다들 여기에 올라오고 싶어서 안달인데, 우리가 바로 여기에 와 있는데 그걸 이렇게 말하면 어떻게 해!"

그러자 또 다른 애벌레의 소리가 들린다.

"야, 저기를 봐봐. 또 다른 기둥이 있네. 저기에도 있고, 사방에 다 있네!"

주인공인 줄무늬 애벌레는 충격을 받았다. 다들 이렇게 올라가려고 고군분투하는데 그 끝에 아무것도 없다니! 줄무늬 애벌레는 그 기둥을 애써 올라가는 다른 애벌레들에게 저 꼭대기에는 아무것도 없다고 이야기해주었다. 그러자 이 이야기를 들은 애벌레는 이렇게 대답했다.

"너, 공연히 샘이 나서 그러는 거지. 꼭대기까지 올라가 보지도 못했으면서."

또 어떤 애벌레는 이렇게 대답했다.

"그게 사실이더라도 그런 말은 하지 마. 우리는 달리 어쩔 도리가 없지 않아?"

애벌레는 안타까워하며 아픈 마음으로 기둥을 내려왔다. 그리고 새롭게 나비가 되어 날아올랐다.

이 이야기는 나온 지가 꽤 되었지만 여전히 한국 사회에 큰 울림을 주고 있다. 왜? 우리 사회도 서로를 밟고 올라가는 거대한 무한경쟁의 기둥이 곳곳에 있기 때문이다. 우리가 영적 리더십을 발휘해야 할 삶의 토양이 바로 이런 곳임을 인지해야 한다. 이런 치열한 경쟁의 기둥에서 서로를 밟고 올라가려니 얼마나 조급하겠는가? 얼마나 분노와 스트레스가 많이 쌓였겠는가? 끊임없이 비교하며 우월감을 느끼고 상대를 밟든지, 아니면 짓밟혀 열등감에 사로잡히지 않겠는가? 나도 모르는 사이에 갑질을 하든지, 을의 울분을 느끼지 않는가? 끊임없이 올라가야 한다는 강박관념과 불안에 사로잡히지 않겠는가? 서로를 불신하고 깎아내리고 비방하지 않겠는가? 이런 상황에서 그 관심을 하나님의 부르심으로 돌려 나아가려면 정말 강력한 은혜가 부어지지 않고는 어렵다.

리더십의 함정을 주의하라

영적 리더십을 발휘하는 자리에 애벌레 기둥의 논리가 침투할 여지가 있다. 영적 리더는 자신도 모르게 자신을 세상의 소위 성공한 리더처럼 여기고, 강력한 카리스마로 사람들을 휘어잡아 끌고 가야 한다고 생각한다. 그러다 보니 맡은 직책에 형식적인 권위를 너무 부여하며 추종자들 위에 군림하려 한다. 자신도 모르게 리더의 권위적인 갑질이 나오는 것이다. 또 자신이 맡은 조직을 다른 조직보다 더 앞서나가게 만들어야 한다는 예민한 경쟁의식에 사로잡혀 경쟁하지 말아야 할 곳에서 과도한 경쟁심으로 주변 사람을 다그치고 강요한다. 칭찬과 인정에는 너무나도 인색하고 퉁명스럽게 내뱉는 말로 너무나 자주 상처를 준다.

공동체에서 찬양대회를 하거나, 축구 리그전, 또는 체육대회를 할 때 종종 다툼이 일어나는 이유가 무엇인가? 일단 대회가 시작되면 상대를 배려하고 함께 즐기는 문화보다는 어떻게든 애벌레 기둥 같은 경쟁에서 제일 앞서야 한다는 세상에서의 긴박감과 긴장감을 그대로 교회에 가져오기 때문이다. 우리는 공동체의 지체들을 있는 모습 그대로 받아들이는 것이 아니라 애벌레 기둥에서 중요한 서열과 위치로 파악하여 받아들이려는 본능적인 악습이 있다.

이런 사고구조로 인해 우리는 리더를 맡는다는 것은 다른 이들보다 앞서가는 사람, 다른 이들보다 성경도 많이 아는 사람, 다른 이들보다 기도도 많이 하는 사람, 다른 이들보다 무엇인가 영적으로 나은 사람이어야 한다는 생각을 하기 쉽다. 게다가 혹 무엇인가 잘못되면 온통 자신이 책임져야 한다는 생각으로 버거워한다. 애벌레 기둥에서 책임을 진다는 것은 곧 경쟁에서 밀리고 성과가 좋지 않으면 언제든지 그 자리에서 물러나고 쫓겨날 수 있다는 것을 의미한다. 기둥 밖으로 밀려나면 곤두박질해서 죽을 수 있다. 따라서 공동체에서도 잘못하면 책임지고 물러나, 어쩌면 다시는 고개를 들고 교회를 다니기 어려울 수도 있다는 극단적인 생각까지 하는 경향이 있다. 우리는 이런 애벌레 기둥의 사고구조가 가져오는 리더십에 대한 잘못된 가정과 함정을 주의해야 한다.

어떤 교회에서 목장에 새로운 성도가 들어왔다. 이제 막 자녀를 대학에 보낸 그 성도는 자녀를 대학에 보내기까지 매우 힘든 시기를 지내고 목장에 편성되었다. 목장 인도자는 그 성도와 반갑게 인사하고, 조심스럽게 자녀가 어느 대학에 갔는지 물었다. 그러자 그 성도는 입을 다물었다. 나름 말 못 할 사정이 있고 말하기가 힘들었던 것이다. 그러면 '아 사정이 있나 보다' 하고 그냥 가만히 있어야 하는데 인도자는 호기심을 참지 못했다. 얼마 지나지 않아 다시 물어보았다. 그러자 그 성도는 이번에도 말을 삼갔다. 또다시 물었다. 그러자 이번에는 그 성도가 점잖게 말한다.

"인도자님, 그런 거 자꾸 물어보는 거 아니야."

그러자 잠시 가만 있던 인도자는 조금 후에 다시 찾아가 물었다.

"아니, 도대체 아이가 어느 대학 간 거야? 좀 알려주면 안 돼? 진짜 궁금하다."

이 일 후에 어떻게 되었을까? 그 성도는 더 이상 교회에 나오지 않았다. 이 인도자가 갖고 있는 호기심의 실체는 무엇일까? 서로의 비교를 통해 자기 서열을 확정하려는 마음이 아닐까 싶다.

그리스도 안에서는 종이나 자유자나, 남자나 여자나, 헬라인이나 이방인이나 차별이 없다(롬 10:12, 고전 12:13). 서열이 없다. 위아래가 없다. 모두 한 부르심을 위하여 모인 이들이다. 영적 리더는 세상에서의 서열 논리, 나이, 학벌, 지역, 아파트, 자동차, 소유, 직업 등의 논리를 교회로 가져오는 것을 주의해야 한다. 교회는 세상의 짐을 가지고 와서 서로 누가 근소한 차이로 앞서는가를 비교하며 키 재는 곳이 아니다. 교회는 애벌레 기둥의 논리가 지배하는 세상에서 지게 된 무거운 짐을 모두 예수님께로 가져와 쉼을 얻는 곳이다(마 11:28-30). 우리가 교회에서 져야 할 짐은 세상의 짐이 아니라 주님의 짐이다. 주님을 사랑하고 그분의 몸된 교회를 사랑하기 위하여 지는 사랑의 짐이다(갈 6:2, 롬 13:8).

따라서 영적 리더는 애벌레 기둥의 논리가 공동체 안에 침투하여 작용하는 것을 예리하게 분별하고, 오직 하나님의 말씀이 뿌리 내려 은혜의 영적 원리가 작동하도록 해야 한다. 이것을 앞서 살펴본 영적 리더십 과정 〈그림 1〉을 참고하며 다시 생각해보자. 리더와 팔로워 모두 그 배후에 있는 세계관과 가치관과 자아상과 삶의 스토리를 하나님의 말씀에 비추어 다시 재해석해야 한다. 그렇지 않으면 영적 리더십이 발휘되는 자리에 끊임없는 세상 풍조에 사로잡힌 야망이 침투하여 리더십의 영적 영향력을 변질시키려 한다. 이런 면에서 영적 리더십의 기초는 하나님의 말씀인 성경에 기초해야 한다.

P·A·R·T·01

리더십은
아래로 내려간다

영적 리더십이 세상의 리더십과 다른 점이 있다. 그것은 하향성이다. 위로 가는 것이 아니라 아래로 간다. 치열한 경쟁에서 승리와 성공과 성과로 가기보다 섬김과 나눔으로 간다. 영적 리더십이 어떻게 아래로 내려가게 되는지 함께 살펴보자.

리더십 5단계

리더십 전문가 존 맥스웰(John C. Maxwell)은 그의 책 「리더십의 법칙」에서 리더십의 다섯 단계를 다음과 같이 제시한다.[18]

▶ 1단계 : 직위

리더십의 기본적인 수준으로 조직이 부여하는 권한과 절차, 전통, 의례 등에 의지하여 리더십을 발휘하는 단계다. 상당수 리더가 이 단계에 머물러 있다. 조직이 자신에게 부여한 권한을 마치 자신의 리더십이 완전무결한 것처럼 여기고 분별없이 남용하기도 한다. 결국 팔로워들의 반발과 부작용을 일으키는 경우가 많다.

▶ 2단계 : 허용

팔로워들의 자발성과 창의성을 허용하는 단계다. 리더는 자기 생각과 의견만을 고집할 것이 아니라 팔로워들의 다양한 의견을 수렴하고 이들의 동기를 자극하고 격려해야 한다. 여기서부터 팔로워들은 직위에서 오는 권한에 의해 강제적으로, 어쩔 수 없이 따르는 것이 아니라 즐겁게, 자발적으로 따르게 된다.

▶ 3단계 : 성과

이 단계에서는 좋은 성과가 나타나기 시작한다. 공동체의 사기가 올라가고, 공동체를 이탈하는 사람의 비율이 낮아지고, 구성원들의 필요가 채워지며, 목표를 하나하나 실현해 나간다.

▶ 4단계 : 인물 계발

자발성과 창의성을 갖고 리더를 따라 성과를 내었던 공동체 내에서 리더의 영향력을 받은 또 다른 리더들이 나타나기 시작한다.

이들은 개인적으로 리더에게 긍정적이고 선한 영향력을 받은 사람들이고, 리더가 어떤 형태로든 성장하는 데 도움을 준 이들이다. 여기서 나오는 기라성 같은 리더들은 공동체 내에 또 다른 전설이 되고, 전설 같은 인물들은 공동체의 리더를 사랑하고 존경하며 그에게 충성한다.

▶ 5단계 : 인격(존경)

이 단계의 리더는 존재하는 것만으로도 존경과 사랑을 받는다. 이런 단계에 도달한 리더는 극소수이며, 오랜 시간을 통해 리더십의 단계를 거쳐 공동체 구성원의 커다란 존경과 사랑을 받는다.

위의 단계를 검토하며 다음과 같은 질문을 던져보자.

- 나는 내 직분을 신실하고 충성되게 잘 감당하는가?
- 나는 내 방식만을 고집하거나 강요하지 않고, 내 주변의 팔로워들이 그들의 재능과 능력에 따라 마음껏 일할 수 있도록 배려하고 허용하는가?
- 나는 내가 맡은 자리에서 선한 영향력과 함께 긍정적인 열매를 맛보고 있는가?
- 내 주변에는 좋은 일꾼이 많이 모여 있는가? 이들은 나를 따르기를 좋아하는 신실하고 충성된 이들인가?
- 나는 가는 곳마다 사랑과 존경을 받는가? 공동체와 주변에 심

원한 영향력이 흘러가고 있는가?
 – 나는 위의 다섯 단계 중 어느 단계에 속한 리더일까? 나의 리
  더십이 좀 더 발전하고 성장하려면 어떤 것들이 필요할까?

사울과 다윗의 리더십 발전과정

리더십의 다섯 단계가 발전하는 양상은 사울과 다윗의 리더십이
어떻게 발전되어 가는가를 대조하면 잘 나타난다.

▶ 1단계 : 직위

사울은 사무엘의 기름 부음과 모든 백성의 지지를 기반으로 왕의
직위를 공식적으로 임명받음으로 리더십을 발휘한다(삼상 10:24,
11:15).

반면 다윗의 첫 시작은 무명의 목동이었다. 다윗이 이스라엘 역
사의 전면에 나타난 것은 블레셋과의 전투 가운데 압도적인 용사 골
리앗의 등장 앞에 사울이 쩔쩔맸을 때였다. 다윗은 아버지의 심부름
으로 전장에 나가 있는 형들에게 도시락을 전해주고 안부를 물으러
갔다. 그런데 그때 그의 귀를 파고드는 적장 골리앗의 고함이 거룩
한 분노를 일으켰다. 골리앗의 쩌렁거리는 위협에 다윗은 전혀 위축
되지 않고 전장에서 대치하는 군인들에 묻는다. "이 할례받지 않은
블레셋 사람이 누구이기에 살아 계시는 하나님의 군대를 모욕하겠

느냐!"(삼상 17:26). 결국 그는 누구도 나서지 않는 싸움에 자원하여 나선다. 아무런 직위도 부여받지 않았으나 거룩한 분노를 품고 자원하여 싸움에 나선다.

아무런 직위도 받지 않았고 누구도 나서라고 하지 않았지만 다윗은 평생 자신이 섬겨오던 하나님의 이름이 모욕받는 것을 견딜 수 없었다. 다윗을 나서게 한 원동력은 다윗 안에 있는 하나님을 향한 신뢰와 믿음이었다. 다윗이 나선 것은 내면에 있는 하나님을 향한 본질적인 이유 때문이었다. 다윗 내면의 거룩한 분노는 골리앗의 위협적인 기세를 압도하고 있었다.

▶ 2단계 : 허용

사울은 왕으로 임명받고 블레셋이 쳐들어오자 사무엘이 와서 제사를 집례하길 기다린다. 그러나 정한 기한 이레가 되도 오지 않자 사울은 사무엘이 집례해야 할 제사를 왕의 권한으로 밀어붙여 스스로 제사를 집례한다. 물론 사울은 나름의 다급한 사정이 있었다. 백성은 흩어지고, 블레셋은 곧 쳐들어올 것 같은 상황에서 사무엘이 나타나지 않자 끝까지 기다리지 못하고 자신이 이스라엘의 왕이라는 이유로 섣불리 제사를 집례한 것이다(삼상 13:8-12).

사울이 이렇게 다급하게 행했던 이유는 무엇일까? 사울에게는 하나님을 향한 신뢰보다 주변의 상황이 더 크게 보였기 때문이었다. 하나님이 함께하신다는 사실보다 백성이 흩어지고, 사무엘이 늦게 와 제사가 늦어지고, 이 틈을 이용해 침략하려는 블레셋의 기세등등

한 위협이 훨씬 더 커 보였다. 사울은 자신의 리더십이 흔들리는 것에 대한 불안함을 견디다 못해 사무엘 선지자가 해야 할 일의 경계를 넘어갔다. 이후 사울은 갈수록 주변 사람의 이야기에 귀 기울이지 않고 독단적으로 행하며 자신의 리더십을 공고히 하려고 한다.

이 위기 가운데 요나단이 하나님만 신뢰함으로 믹마스 전투에서 큰 전과를 올리자 뒤늦게 쫓아가 블레셋을 추격한다(삼상 14:22). 그러나 그 와중에 사울은 자신의 비장함을 알리기 위해 골리앗을 완전히 물리치기까지 무엇이든 먹는 자는 저주를 내리겠다는 매우 비현실적인 맹세를 한다(삼상 14:24). 비장함도 좋지만 전쟁에서 싸우려면 먹고 힘을 보충해야 하지 않겠는가? 그러나 자신의 권위로 밀어붙여서 허기진 백성이 급기야 블레셋 적진에 남겨진 가축을 보자마자 허겁지겁 잡아 피째 먹는 부정한 행위를 일삼도록 몰아갔고, 왕의 명령을 모른 채 꿀을 찍어 먹었던 자기 아들 요나단까지 죽이려 한다. 왕자 요나단이 죽을 위기 앞에 처하자 백성이 나서 사울을 만류한다. 사울 왕은 가까스로 칼을 겨우 거둔다(삼상 14:43-45). 백성이 사울의 리더십에 제동을 건 것이다. 결국 사울은 자신에게 허용된 리더십의 권한을 오용하고 팔로워들의 근심을 사게 된다.

여기서 주목할 점은 사울이 충성스러운 팔로워였던 다윗을 내치는 사건이다. 사울은 자신에게 큰 힘이 될 다윗을 품지 못하고, 도리어 시기와 질투로 인해 다윗을 자신에게 치명적인 위협으로 간주하였다. 결정적인 계기는 다윗이 골리앗을 쓰러뜨리고 블레셋과의 전쟁에서 승리하고 돌아올 때였다. 승리의 개선식을 하는데 여인들이 소고와 꽹과리를 들고 와서 춤을 추며 노래한다. 이때 여인들은 그 유명한 '천천송, 만만송'을 부르게 된다. "사울이 죽인 자는 천천이요 다윗은 만만이로다"(삼상 18:7). 이 소리를 듣자 사울은 불쾌하여 심히 분노하였다. 그는 속으로 '이제 이 녀석이 내 나라를 노리겠구나' 라는 위협을 느낀다. 그는 주변 팔로워들의 출중한 능력과 성과를 진심으로 축하해주지 않았다. 도리어 이것을 자신의 지위를 위태롭게 하는 위협으로 여겼다. 분노와 두려움에 휩싸인 사울은 다윗을 제거하기 위한 광기에 서서히 사로잡혔다. 사울은 이제 자기 지위에 연연하는 지도자로 전락한다.

반면 다윗은 갈수록 다윗을 지지하고 충심으로 따르는 팔로워를 많이 확보하게 된다. 다윗은 갈수록 더해가는 사울의 광기를 피해 도망간다. 다윗은 이곳저곳 정처 없이 떠돌다 아둘람의 석회동굴 지역으로 피신했는데 그 주변에 그를 충심으로 따르고자 하는 이들이 모여들기 시작한다. 어느덧 아둘람에는 환난 당한 자, 빚진 자, 마음이 원통한 자들이 하나둘씩 모여들더니 400명의 군대를 이룰 정도까지 되었고(삼상 22:2), 이후 600명까지 모여들어 강력한 정예부대를 형성한다(삼상 23:13). 다윗에게 그를 따르는 600명의 팔로워는 든든한 힘이었고, 이들은 충성되이 즐겁게 다윗을 따랐다. 반면 사울 왕을 따르던 600명의 팔로워는 보잘것없는 연약한 무리에 불과했다(삼상 14:2).

▶ 3단계 : 성과

사울은 다윗을 죽이기 위해 혈안이 되어 그를 추적하고, 그 와중에 자신을 끝까지 신뢰하고 믿어주었던 아들 요나단도 배척한다(삼상 20:33). 점차 광기에 사로잡힌 사울의 나라는 국력이 쇠약해져 간다. 이전에는 너끈히 물리쳤던 블레셋이 다시 이스라엘에 쳐들어오자 사울은 겁에 질려 하나님을 다시 찾는다. 하지만 하나님은 꿈으로도, 제사장으로도, 선지자로도 응답하지 않으셨다(삼상 28:6). 하나님과의 교제가 이미 끊어진 지 오래되어 사울은 하나님으로부터 어떤 영적 자원도 확보할 수 없게 되었다. 다급해진 사울은 의지할 것이 없자 결국 무당과 같은 엔돌의 신접한 여인을 찾아간다(삼상 28:7). 결국 사무엘은 블레셋과의 전쟁에서 아무 성과 없이 처참하게 패배하고, 급기야 자기의 칼을 뽑아 자살하고 만다(삼상 31:4). 이후로 사울의 집은 쇠약하여 기울어간다(삼하 3:1).

반면 다윗은 어려움 가운데서도 하나님을 향한 신실함을 지키고, 하나님의 능한 손에 힘입어 고난 중에도 점점 강성해진다. 게다가 하나님을 전심으로 따르는 그를 보고 주변에 요압, 아비새와 같은 출중한 팔로워들도 함께한다. 다윗은 이후 유다의 왕이 되고, 급기야는 이스라엘도 포용하여 모두의 환영과 지지 속에 평화롭게 왕으로 등극하기에 이른다(삼하 5:1-5). 그뿐만이 아니다. 그가 왕이 된 이후에도 그는 어디를 가든지 승승장구하였고(삼하 8:6), 그 영토를 놀랍도록 확장했다(삼하 8장).

▶ 4단계 : 인물 계발

사울이 왕이 되었을 때 그에게는 사무엘 선지자가 든든한 지원군이었다. 아들 요나단도 출중한 전사이자 충성스러운 팔로워였다. 다윗도 사울과 함께 이스라엘을 든든히 세워갈 수 있는 뛰어난 장수였다. 그러나 시간이 갈수록 사울 주변의 뛰어난 인물들은 다 떠나갔다. 급기야 사울은 광기와 두려움에 사로잡혀 비참한 최후를 맞이한다.

반면 다윗의 주변에는 지략과 무공을 겸비한 전설 같은 출중한 장수가 즐비했다. 다윗 최측근에는 요압, 아비새, 아사헬과 같은 걸출한 장수들이 있었고, 그 외에도 단번에 팔백 명을 쳐죽였던 요셉밧세벳을 비롯하여 엘르아살, 삼마와 같은 또 다른 세 용사 그룹이 있었다(삼하 23:8-12). 다윗이 거인 골리앗을 쓰러뜨렸지만 그를 따르던 장수들도 골리앗 같은 거인족을 여럿 쓰러뜨렸다(21:15-22). 또한 다윗에게는 그 주변에 함께하던 30명의 장수가 있었다(삼하 23:13-39). 이들은 이스라엘 백성뿐만 아니라 이방인까지 두루 포함한다. 이는 다윗이 출신성분을 가리지 않고 다양하게 인재를 받아들이고 이들을 성장시켰음을 보여준다. 역대하 11장에는 다윗을 충성스럽게 따랐던 용맹한 장수들 46명의 명단이 등장한다. 다윗 주변에서는 정말 많은 인물이 배출되었다.

▶ 5단계 : 인격(존경)

사울은 비참하게 죽고, 이튿날 블레셋 사람들에 의해 그 시신이 발견되어 목 베임을 당하고, 갑옷이 벗겨진 시신이 벧산 성벽에 못 박힌다(삼상 31:8-10). 그의 죽음을 안타까워하며 그의 행적을 기리며 추모했던 이들은 야베스 주민 일부와 다윗을 제외하고는 별로 없었다. 더욱 안타까운 것은 왕위를 이을 후계자를 남기지 못하고 그의 왕조가 끝났다는 점이다. 반면 다윗은 솔로몬을 후계자로 남겼을 뿐 아니라 그가 죽을 때 그의 나라가 심히 견고하였다(왕상 2:12). 또한 두고두고 백성의 존경과 사랑을 한 몸에 받았다.

영적 리더십의 권위

진정한 영적 리더십의 권위는 어디서 오는가? 많은 리더가 자신에게 주어진 직위에서 권위가 온다고 생각한다. 하지만 이는 착각이다. 직위는 권위를 발휘하는 첫 출발점이자 통로다. 직위라는 통로를 통해서 리더십의 진정한 권위가 흘러나오지 않으면 직위를 통한 영향력의 통로는 곧바로 막혀버리고 팔로워들은 더 이상 리더를 따르지 않는다. 그렇다면 리더의 권위를 어떻게 세워갈 수 있을까?

권위(authority)를 의미하는 헬라어 '엑수시아'는 출처를 의미하는 '에크'(~from)와 '본질'을 의미하는 '우시아'(essence)가 결합한 단어이다. 진정한 권위는 존재의 본질, 즉 존재다움에서 나온다. 사울은 자신의 왕적 지위에서 리더십의 본질이 흘러나오는 줄로 생각했다. 그러나 그는 이스라엘의 왕 됨의 본질이 무엇인지 깊이 고민하지 않았다. 세상의 왕과 같이 자신에게 주어진 직위와 힘을 이용하여 다윗을 제거하려 하였고, 백성을 도탄에 빠뜨렸다. 이스라엘의 왕은 어떤 존재여야 하는가? 사무엘의 고별연설(삼상 12장)에는 그 힌트가 많이 담겨 있다.

이스라엘의 왕은 진정한 왕이 여호와 하나님임을 인정하고, 그의 목소리를 청종하며, 마음을 다하여 여호와를 경외하고 섬기며, 악을 미워해야 했다(삼상 12:12,15,25). 그리하여 하나님의 왕적 통치가 이스라엘에게 흘러가도록 자신을 내드리는 도구여야 했다. 사울 왕의 진정한 왕적 권위는 하나님을 경외하고 순종하는 데 있었다. 하지만 사울은 시간이 갈수록 자신의 힘으로 권위를 세우려 하였고, 사람들의 시선과 인정으로 자기 권위를 확인하려 하였다.

이와 다르게 다윗은 하나님을 자신의 진정한 목자로, 왕으로 섬기며 힘을 다하여 그를 사랑하고 악을 미워하였다. 그에게는 나라가 허용하는 공식적인 지위가 없어도 그런 존재됨으로부터 흘러나오는 영적 권위가 있었다(삼상 17:26,36,45). 다윗은 공식적인 지위 없이 광야를 떠돌면서 오직 여호와만을 참된 목자로 섬기며 그의 인도하심을 따르는 훈련을 받았다. 그 가운데 자원하여 그를 충심으로 따르는 팔로워들이 나타났다. 이들은 다윗과 함께 영적 시너지 효과를 일으키며 점차 좋은 결과를 내기 시작했다. 다윗은 급기야 모든 이스라엘의 지지를 업고 왕으로 등극하기에 이른다. 그러는 가운데 수많은 걸출한 인물이 배출되었고, 다윗은 세대와 세대를 걸쳐 존경받는 인물로 남게 되었다.

리더는 자신의 직위 이전에 진정한 영적 리더십을 가능하게 하는 권위의 출처가 어디서 오는가를 살펴야 한다. 영적 리더십은 먼저 영적인 자원을 수단으로 영향력을 행사하는 것이다. 그러려면 그 수단과 출처가 자신이 아닌 하나님에게서 와야 한다. 하나님을 경외하고, 하나님을 사랑하고, 하나님을 알기에 힘쓰며 기도하는 것이 리더십의 권위를 확보하게 하는 중요한 출처가 된다.

리더의 자아상과 세계관

리더는 하나님의 부르심을 받아 구성원에게 거룩한 영향력을 행사하여 그들로 하나님이 부르신 자리로 나아가도록 돕고 섬기며 이끌어 가는 사람이다. 그러려면 리더가 가진 세계관과 자아상이 매우 중요하다. 그것이 자신과 주변 사람을 대하는 태도와 분위기를 형성하고 나아갈 방향을 결정하기 때문이다.

세계관(world view)이란 한 사람이 세상과 사물에 가지는 근본적 신념의 포괄적인 틀을 말한다. 세계관은 세상을 보는 준거 틀(a frame of reference)이자 가치체계(value system)이며, 신념 체계(Belief System)이다. 세계관을 형성하는 질문은 다음과 같다.[19]

- 세상은 어디서 왔으며, 어떻게 존재하게 되었는가?
- 인생은 어디로 와서 어디로 가는가? 의미는 있는가?

- 왜 세상은 고통과 죄악으로 가득한가?
- 구원이 실제로 있는가? 있다면 그것은 어떻게 가능한가?
- 사람은 무엇을 위해 살며, 세상과 역사의 목적과 의미는 무엇인가?

이러한 질문에 대한 답이 성경을 중심으로 형성되어 있지 않으면 리더는 부르심과 자신이 이끄는 공동체에서 점차 하나님의 역사를 배제하고, 공동체를 자신의 통제 하에 두려고 할 것이다. 그러다 보면 사용하는 수단도 영적 수단이 아닌 인간적이거나 인위적인 힘과 돈에 근거한 수단을 사용하게 된다. 결국 리더의 권위 행사 가운데 하나님의 역사를 보기 어려워지고, 성령의 열매를 맛보기 힘들어진다. 리더의 자아상은 주변의 비교와 평판에 의해 좌우되고 주변의 인기에 영합하여 리더십을 난폭하게 휘두르기 쉽다.

반면 리더가 성경적 세계관에 기반할 때 리더가 섬기는 공동체에는 하나님의 손길이 드러난다. 다윗이 영적 리더십을 행사하는 동안 하나님은 다윗이 어디를 가든지 이기게 하셨다(삼하 8:6). 마찬가지로 성경적 세계관에 기초하여 전심으로 하나님을 의뢰하는 리더에게 하나님은 그분의 손길이 나타나게 하셔서 영광을 받으신다.

영적 리더십이 행사되는 공동체에는 사랑과 희락과 화평과 오래 참음과 자비와 선함과 충성과 온유와 절제가 특징적으로 나타난다. 이런 특성을 바탕으로 공동체는 더욱 든든하게 서가며 하나님의 통치가 구현되는 하나님의 나라가 되어간다. 이런 세계관으로 무장한 리더는 자신을 하나님의 종으로 여기고, 하나님의 도우심과 은혜만이 자신의 직위와 부르심을 온전히 수행할 수 있음을 고백한다. 그렇기에 그는 더욱 전심으로 하나님께 모든 것을 의뢰하며 나아간다.

가장 미국적인 대통령으로 평가받는 로널드 레이건은 이런 영적 리더십의 비밀을 알고 있는 지도자였다. 그의 재임시절 소련 공산제국이 무너지고, 동구권의 수많은 공산주의가 무너져 내렸다. 그리고 미국은 커다란 중흥을 맛보았다. 그의 재임시절 한번은 암살범의 총격을 받고 쓰러졌던 위기가 있었다. 암살범은 현장에서 잡혔는데 존 힝클리라는 당시 25세의 대학을 중퇴한 청년이었다. 그가 레이건 대통령을 암살하려고 한 목적은 영화배우 조디 포스터를 짝사랑하여 자기 존재를 알리기 위해서였다고 밝혀 주변을 경악하게 하였다. 레이건 대통령은 중상을 입고 9주간 병원에 입원했다가 백악관에 복귀했다. 그때 그가 했던 첫마디가 무엇이었을까?[20]

"무슨 일이 일어나든 내 생명은 이제 하나님의 것입니다. 나는 내가 할 수 있는 모든 것으로 하나님을 섬기기 위해 최선을 다하겠습니다"(Whatever happens now I owe my life to God and will try to serve him in every way I can).

이런 신앙고백이 있었기에 그는 자신의 대통령직을 하나님이 세워주신 것으로 여겼고, 늘 하나님의 도움과 지혜를 구하며 기도의 자리로 나아갔다. 그는 1982년 10월 25일 한 서한에서 이렇게 고백한 바 있다.

> "내가 매일 기도하는 것은 이 대통령의 직위를 통하여 하나님
> 을 잘 섬기도록 사용할 수 있도록 도와달라고 하는 것입니다"
> (My daily prayer is that God will help me to use this
> position so as to serve him).[21]

레이건이 발휘했던 정치 리더십은 성경적 세계관에 기초하여
하나님이 주시는 자원을 통해 영향력을 발휘하는 영적 리더십이었
다. 그가 영적 리더십을 발휘할 수 있었던 것은 그의 세계관과 자아
상이 뚜렷하게 성경에 기초했기 때문이다. 이는 일찍이 다윗이 보여
주었던 영적 리더십과 크게 다르지 않았다. 이처럼 지도자의 세계관
과 자아상은 영적 리더십을 발휘하는 데 매우 중요하다.

기이하게 쓰임받을 준비

영적 리더는 자신의 자원으로 리더십을 발휘하는 사람이 아니라
영적 자원으로 리더십을 발휘하는 사람이다. 이런 면에서 영적 리더
는 자신이 무엇을 성취하기보다 하나님께서 뜻하신 바가 무엇이고,
어떻게든 그분께 쓰임받는 것이 중요함을 아는 사람이다. 하나님께
서 원하시는 목표인가, 그리고 하나님께서 사용하시느냐가 중요하

지, 내 힘과 역량이 충분한가 여부는 그다지 중요하지 않다. 부족해도 하나님이 사용하시면 유용하고 귀하게 쓰임받을 수 있다. 그렇다면 관건은 하나님이 나를 사용하실 수 있도록 얼마나 나 자신을 부인하고 하나님께 자신을 내드릴 수 있느냐이다. 영적 리더는 하나님의 기이한 역사를 이해하는 사람이다. 하나님은 리더의 약함으로 그분의 강함을 드러내기 기뻐하신다. 사도 바울은 일찍이 이 비결을 터득했다.

> "나에게 이르시기를 내 은혜가 네게 족하도다. 이는 내 능력이 약한 데서 온전하여짐이라 하신지라. 그러므로 도리어 크게 기뻐함으로 나의 여러 약한 것들에 대하여 자랑하리니 이는 그리스도의 능력이 내게 머물게 하려 함이라"(고후 12:9).

영적 리더는 하나님이 자신을 사용하실 자리를 내드릴 수 있어야 한다. 하나님이 사용하시려면 리더는 자기 경험과 판단을 앞세우며 자기 고집을 부려서는 안 된다. 도리어 하나님이 마음껏 사용하시도록 해야 한다. 예수님이 예루살렘 입성을 위하여 쓰셨던 베다니 마을의 나귀 주인을 기억하는가? 제자들이 그의 집에 매여 있는 나귀와 나귀 새끼를 끌어오려 할 때 주인은 "주가 쓰시겠다"(마 21:3)는 말 한마디에 주저함 없이 모든 것을 내드렸다. 주님이 자신의 뜻에 맞게 사용하셔야 주의 영광과 열매가 드러난다. 리더는 이를 신뢰하고 겸손히 자신을 기쁘게 내드릴 때 하나님의 일하심을 볼 수 있다.

우리가 리더를 맡게 되었을 때 가장 큰 고민이 무엇인가? "어이쿠~ 이 리더의 직분과 역할을 어떻게 감당하지?"하는 것이다. 리더는 자신의 능력과 역량에 대한 고민보다 나를 부르신 하나님의 계획과 일하심을 더욱 신뢰해야 한다. 이를 위해 날마다 어떻게 자신을 십자가에 못 박고 내드릴 수 있는지를 고민해야 한다. 하나님의 손길이 나의 부족한 걸음을 통하여 드러날 수 있도록 날마다 자기를 부인하고 간절히 기도하며 나아가야 한다(갈 2:20). 하나님의 능력은 우리의 약함으로 드러난다. 영적 리더십이 강력하게 발휘되려면 리더는 하나님의 손길이 강력하게 드러나도록 하기 위하여 그만큼 자신을 부인하고 겸손하게 하나님의 손길을 구해야 한다.

이사야 53장은 이러한 자기 부인의 종 된 메시아 리더십의 극치를 보여주고 있다.

"그가 찔림은 우리의 허물 때문이요 그가 상함은 우리의 죄악 때문이라. 그가 징계를 받으므로 우리는 평화를 누리고 그가 채찍에 맞으므로 우리는 나음을 받았도다"(사 53:5).

하나님의 말씀을 끝까지 따라갔더니 찔림과 징계와 채찍에 맞음에 직면한 종 된 메시아는 끝까지 하나님의 종으로 하나님의 뜻을 따라갔다. 그리고 그의 잠잠히 따름은 이 세상에 놀라운 평화와 치유를 가져다주었다. 세상이 이해할 수 없는 기이한 방식의 영향력을 끼친 것이다.

수줍은 리더여, 팔로워가 되라

퍼스트 팔로워의 영향력을 간과하지 말라

세계적인 지식의 향연인 테드(TED) 컨퍼런스에서 데렉 시버스 (Derek Sivers)는 '첫째 팔로워 : 춤추는 사나이로부터 배우는 리더 십 교훈'(First Follower : Leadership Lessons from Dancing Guy)이라는 제목의 흥미로운 강연을 한 바 있다.[22] 어느 유원지에서 한 사람이 시작한 춤이 어떻게 수많은 사람에게 영향력 있게 퍼져 가는지 실제 현장을 담은 영상을 통해 흥미롭게 추적하며 리더십 현 상을 분석한 것이다.

영상의 첫 시작은 웃통을 벗은 한 사내가 혼자 흥겹게 열심히 춤추고 있는 장면으로 시작한다. 이 사내는 주변의 따가운 시선과 조롱을 각오하고 용기를 내 열심히 춤을 춘다. 그런데 그 장면을 보던 다른 한 남자가 춤추던 사내 곁으로 와서 함께 그를 따라 춤을 춘다. 일종의 첫 번째 팔로워가 되는 셈이다. 첫 번째 팔로워가 된 남자는 홀로 외로이 사람들의 따가운 눈총을 견디며 춤을 추던 처음 사내에 비해 춤추는 것이 훨씬 부담이 덜하고 쉽다. 이미 조롱과 욕은 먼저 춤추던 사내가 먹었고, 물론 자신도 함께 춤추며 조롱과 욕을 먹을 수 있겠지만 앞서 처음 춤추던 사내에 비해 훨씬 덜하다. 춤을 잘 추어야 한다는 부담도 덜하다. 그저 먼저 춤추던 사내를 열심히 따라 춤추기만 하면 된다.

시간이 지나자 첫째 팔로워는 열심히 춤을 추면서 다른 동료들을 불러내기 시작한다. 그러자 다른 친구 하나가 와서 함께 신나게 춤을 춘다. 이제 초점은 처음 춤춘 사내가 아니라 그를 따라 추는 다른 팔로워들에게 집중되기 시작한다. 그러다 두 명의 동료가 더붙어 같이 춤을 춘다. 이윽고 셋이 더 붙는다. 그러자 여기저기서 사람들이 일어나더니 이 춤추는 무리에 합류하기 시작한다. 무리가 커지는 일종의 티핑 포인트 지점에 도달한 것이다. 그러자 사람들은 우후죽순으로 일어나 춤추는 무리에 합류한다. 그동안 춤추는 무리에 참여하고 싶었지만 용기를 내지 못했던 이들이 속속들이 합류한다. 조금 더 지나자 이제는 이 무리에 참여하지 않고 가만히 있는 사람들이 비웃음과 조롱을 받는 분위기로 돌변한다. 시버스는 다음과 같은 말로 결론을 맺는다.

"여러분이 정말로 운동을 일으키려 생각한다면 따를 수 있는 용기를 가지십시오. 그리고 다른 사람에게 어떻게 따라야 하는지를 보여주세요. 훌륭한 일을 하고 있는 외로운 미치광이를 발견하면 주저하지 말고 맨 먼저 벌떡 일어나 참여할 수 있는 용기와 배짱을 가지세요!"

시버스가 강조하는 것은 용기 있는 리더가 되는 게 아니다. 용기 있는 팔로워가 되는 것이다. 리더를 리더 되게 하는 것은 그를 따르는 팔로워다. 리더를 처음 따르는 팔로워가 생겼을 때 그동안 외롭게 춤추던 용기 있는 사내는 비로소 리더가 된다. 리더는 스스로 리더가 되는 게 아니라 그를 따르는 팔로워가 생길 때 비로소 리더가 되는 것이다. 그리고 퍼스트 팔로워가 되어 신나게 리더를 따라가다 보면 이런 나의 모습을 보고 와서 같이 따르는 이들이 생겨난다.

영적 리더십의 본질은 팔로워십이다

영적 리더십의 본질은 팔로워십(followership)이다. 시버스가 관찰한 팔로워십은 예수님이 제자들을 부르실 때도 유사하게 나타난다. 예수님은 그의 제자들을 부를 때 "나를 따르라"고 하셨다. 리더로 부르신 것이 아니라 팔로워로 부르신 것이다.

제자들은 날마다 자기를 부인하고 자기 십자가를 지고 예수님을 따르도록 부름받았다(막 8:34). 따라가는 것은 세상에서 말하는 리더십의 역량과 기술을 요구하지 않는다. 수줍어도, 앞에 나서는 걸 싫어해도 괜찮다. 그저 앞장선 리더를 신뢰하고 리더가 어디를 가든지 무엇을 하든지 그저 따라가기만 하면 된다. 놀라운 것은 열심히 예수님을 따라가다 보면 자신도 모르게 놀라운 영적 영향력이 생긴다는 점이다. 열심히 따라가다 보면 우리가 따라가는 것을 본 다른 이들이 호기심과 용기를 갖고 우리를 따라와 함께 예수님을 따른다. 우리는 우리가 충실하게 따라가는 것의 영향력을 너무 쉽게 간과하는 경향이 있다. 우리는 리더가 되어 앞에서 모든 것을 다 이끌어야 한다는 부담감을 내려놓고, 예수님을 가장 기쁘게 따라가는 팔로워의 설렘과 용기를 회복할 필요가 있다.

공동체에서 우리는 대부분 리더가 아닌 예수님을 앞장서 따르는 퍼스트 팔로워로 부름받는다. 아무도 나서는 이가 없을 때 사역의 현장에서, 소그룹과 부서에서 먼저 선뜻 나서 예수님을 따라가도록 부름받은 것이다. 내가 충실하게 예수님을 따르는 자가 될 때 이런 용기 있는 나의 모습을 보고 함께하는 이들이 내 주변에 우후죽순 일어나게 된다.

둘째, 셋째 팔로워의 중요성

영적 리더십의 영향력이 발휘되는 첫 출발점은 첫 번째 팔로워이지만 영향력이 본격적으로 확산되는 것은 둘째, 셋째 팔로워에 이르러서다. 첫째 팔로워를 보고 다른 둘째, 셋째 팔로워가 함께하면 이제 이들은 적어도 서넛 이상의 핵심 그룹을 이룬다. 핵심 그룹이 되면 주변에 본격적인 영향력을 발휘할 수 있다. 리더를 신나게 따르는 첫째, 둘째, 셋째 팔로워를 보고 다른 팔로워들이 모여들기 시작한다. 이때 새롭게 모여드는 팔로워들은 리더에게 의존하기보다는 첫째나 둘째 혹은 셋째 팔로워가 하는 모습에 집중한다. 그리고 이때부터 공동체에는 커다란 동력이 생겨난다. 이때 둘째, 셋째 팔로워는 공동체의 방향과 분위기를 결정하는 매우 중요한 역할을 한다.

예수님도 그 중요성을 아셨던 것 같다. 십자가를 지시기 전 제자들을 데리고 변화산에 올라가셔서 변모하실 때 베드로, 야고보, 요한만을 데려 가셨다. 이들은 예수님이 공생애 사역을 처음 시작하실 때 부르셨던 첫째~셋째 팔로워들이었다(마 4:18-22). 겟세마네 동산에서 기도하실 때도 베드로, 요한, 야고보, 이 셋만을 특별히 따로 데려가셨다. 이는 예수님을 따르는 처음 세 팔로워의 영향력과 중요성을 고려할 때 매우 중요한 결정이셨다.

예수님을 따랐던 팔로워들은 크게 다음과 같이 나눌 수 있다.

- 3제자(베드로, 요한, 야고보)
- 12제자(마 10:2-4, 막 3:16-19, 눅 6:13-16)
- 70인 제자(눅 10:1)
- 많은 무리(마 4:25, 5:1, 8:1, 9:8, 막 2:4,13, 3:7)

〈그림 2〉는 예수님의 영향력이 어떻게 확산되어 갔는가를 보여 준다. 이렇게 볼 때 머뭇거리지 않고 용기 있게 선뜻 앞서 주님을 따르는 것은 주변에 큰 영향력을 끼치는 행동임을 알 수 있다.

예수님

3제자
(베드로, 요한, 야고보)

12제자

70인 제자

많은 무리

■ 그림 2. 예수님의 영향력 확산 모습

포지션보다 팔로잉에 집중하라

리더의 직분이 아직까지 부담스러운가? 이제는 리더에 대한 고정관념을 내려놓으라. 리더는 내가 앞장서서 무엇을 끌고 가는 자가 아니다. 리더는 가장 용기 있게 앞장서서 예수님을 따르는 첫 번째 팔로워다.

가장 열심히 예수님을 따르다 보면 나도 모르게 거룩하고 선한 영향력이 주변으로 흘러가고, 이렇게 용기 있게 열정적으로 따르는 내 주변에 어느덧 즐겁게 예수님을 따르는 이들이 늘어나게 된다. 리더의 직분을 맡게 되면 많은 경우 걱정하는 제목이 "내가 과연 잘할 수 있을까?" 하는 것이다.

그러나 이제는 "내가 잘할 수 있을까?" 하는 질문에서 "내가 더욱 용기 있고 신실하게 예수님을 즐거이 따를 수 있을까?"를 질문해야 한다. 그리고 이것에 집중해야 한다. 나도 모르게 영향력 있는 팔로워이자 리더로 서 있을 것이다.

[Part 1. 각주]

〈 1장 〉
1) 김명희, 「에이브러햄 링컨」(서울: 선, 2013).
2) 홍하상, "[이건희의 세계 1위 방정식(1)] 비싼 장난감들을 분해하고 조립하는 것을 즐기다", 조선일보, 2015. 10. 23.
3) 수전 케인, 김우열 역, 「콰이어트(Quiet): 시끄러운 세상에서 조용히 세상을 움직이는

힘」(서울: 알에이치코리아, 2012). 그녀의 TED 강의도 참조하라.

https://www.youtube.com/watch?v=xUATsuzWjec

4) 짐 콜린스, 이무열 역, 「좋은 기업을 넘어 위대한 기업으로」(서울: 김영사, 2002), 43쪽.

5) 손현정, "릭 워렌, '목적이 이끄는 삶' 비판에 처음 답하다", 크리스천투데이, 2011. 6. 2.

6) 강해진, "'올림픽 수영 황제' 펠프스, '목적이 이끄는 삶' 읽고 자살 충동 극복", 크리스 천투데이, 2016. 8. 9.

7) 릭 워렌, 고성삼 역, 「목적이 이끄는 삶」(서울: 디모데, 2003), 21쪽.

8) 릭 워렌, 박원철 역, 「공동체를 세우는 삶」(서울: 국제제자훈련원, 2005).

9) 양형주, 「평신도를 위한 쉬운 로마서」(개정증보판)(서울: 브니엘, 2019), 30쪽.

10) 위의 책, 30-31쪽.

〈 2장 〉

11) 김영명, 「신한국론」(고양: 인간사랑, 2005), 53-54쪽.

12) 백인성, "국내 체류 외국인 수 236만명 역대 최대… 중국. 태국. 베트남 순", 법뉴스, 2019. 1. 21.

13) 김광수, "극에 달한 수도권 쏠림… 총인구의 50% 첫 돌파", 한겨레, 2019. 8. 21.

14) 강준만, 「한국인 코드」(서울: 인물과사상사, 2006), 154-155쪽.

15) 박재환 외, 「현대 한국 사회의 일상 문화 코드」(서울: 한울아카데미, 2004), 13-67쪽.

16) 양형주, 「내 인생에 비전이 보인다」(서울: 홍성사, 2007), 48쪽.

17) 트리나 폴러스, 김석희 역, 「꽃들에게 희망을」(서울: 시공주니어, 1999).

〈 3장 〉

18) 존 맥스웰, 강준민 역, 「리더십의 법칙」(서울: 비전과리더십, 2003), 30-46쪽.

19) 신국원, 「니고데모의 안경」(서울: IVP, 2005), 20-21쪽.

20) https://ourlostfounding.com/ronald-reagan-i-owe-my-life-to-god/

21) Gary Scott Smith, *Faith and the Presidency From George Washington to Gerge W. Bush*, (New York: Oxford University Press, 2006), p.325

〈 4장 〉

22) https://www.ted.com/talks/derek_sivers_how_to_start_a_movement?language =ko#t-11224

1. 그동안 내가 갖고 있던 리더 직분 혹은 리더십에 대한 편견은 무엇이었는
   지 솔직히 나누어 봅시다.

2. 나는 존 맥스웰의 리더십 5단계 가운데 어떤 리더십을 행사하고 있나요?
   보다 영향력 있는 리더십 역량을 갖추려면 어떤 변화가 필요할까요?

3. 리더십이 팔로워십인 이유는 무엇일까요? 퍼스트 팔로워로 부름받은 내
   가 영향력을 키워가려면 어떤 다짐과 변화가 필요할까요?

P·a·r·t·2

하나님은 수줍은 리더를 어떻게 세워 가시는가?

"너희 안에서 착한 일을 시작하신 이가
그리스도 예수의 날까지
이루실 줄을 우리는 확신하노라" (빌 1:6).

　우리가 어느 날 공동체의 리더(퍼스트 팔로워)로 부름받을 때 우리 대부분은 아직 자신이 제대로 준비하지 못했다고 여기고 주저한다. 그러나 자신이 알기도 전에 하나님은 리더를 아셨고, 그런 리더를 하나님의 영광을 위해 조용히, 그리고 꾸준히 빚어 오셨음을 간과해선 안 된다. 이런 손길을 이해하지 못하면 우리는 리더로의 부르심을 오직 자신의 준비 여부로 판단하기 쉽다. 스스로의 판단기준으로만 결정하면 리더로 섬기다 예기치 못하게 닥쳐오는 다른 이와의 갈등, 사역의 미숙함, 그리고 권위에 대한 반발 등의 문제를 직면하면 다시는 리더를 맡지 않겠다고 선언하고 그만 어디론가 숨어버린다. 이런 갈등과 어려움 속에 리더는 하나님의 손길을 헤아릴 여유를 갖지 못한다.

그렇다면 하나님은 한 사람의 지도자를 어떻게 준비시키고 빚어 가실까? 풀러신학교의 로버트 클린턴 박사는 이 주제를 갖고 평생 연구에 매진해왔다. 그는 하나님이 사용하셨던 리더가 어떤 과정을 통해 준비되고 쓰임받는가를 파악하기 위해 지난 26년간 4,500여 명 리더의 생애를 수집, 연구 분석하여서 '리더십 부상 이론'(Leadership Emergence Theory)을 정립한 바 있다.[23] 클린턴이 분석한 바에 따르면 하나님은 리더의 일생을 통해 크게 6단계를 거쳐 리더를 세워 가신다. 이를 요약하면 다음과 같다.

1단계는 정지 단계다. 이는 하나님께서 한 사람을 리더로 세우시기 위해 사전에 작업하는 단계다.

2단계는 인성계발 단계다. 이는 내면적 성품이 성장하는 단계다.

3단계는 사역 단계다. 리더는 사역을 감당하며 사역 자체와 관계에 있어서 성장을 경험한다.

4단계는 성숙 단계다. 성숙한 인격으로 그의 경건한 존재됨을 드러낸다.

5단계는 수렴 단계다. 이는 하나님의 인도를 충실히 따르는 가운데 그리스도의 형상을 드러내며, 자신의 기질과 역량에 가장 적합한 사역에 집중하며 열매의 풍성함을 맛보는 단계다. 그동안 하나님의 인도를 따르며 경험했던 것들이 통합(convergence)을 경험하는 단계다.

<u>6단계는 후광(afterglow) 단계다.</u> 이는 리더 영향력의 자취가 계속해서 남아 리더가 공식적인 자리나 역할에서 물러나 뒤에도 구성원들에게 지속적인 선한 영향력을 끼치는 단계다.

이상의 6단계를 통해 하나님이 어떻게 수줍은 리더를 평생에 걸쳐 아름답게 빚어 가시는지 살펴보자.

1단계 : **주권적 토대,** 하나님의
섭리 안에 쓸데없는 것이 없다

하나님은 한 사람을 리더로 세우시기 전에 그가 자란 환경, 크고
작은 여러 경험, 그리고 그의 성품과 가치관을 형성한 다양한 배경을
통해 그가 쓰임받는 사전적 준비과정을 마련하신다. 이를 정지단계
라고 한다. 정지(整地)란 곡식을 심기 전에 곡식이 잘 자랄 수 있도록
땅을 갈아 흙을 부드럽게 하는 작업이다. 주권적인 토대(Sovereign
Foundations)를 형성하는 단계라고도 한다. 하나님은 한 사람을 사
용하시기 위해 여러 가지 환경을 통해 그가 쓰임받을 기본적인 성품
과 역량의 토대를 마련하신다.

사도 바울은 사도 중에 가장 늦게 부름받아 예수님을 따랐던 팔
로워다. 그가 예수님을 따른 것은 다메섹 도상에서의 극적인 회심
체험이 있었기 때문이다. 그는 이전에 열심이 특심했던 바리새인이

었다. 율법의 의로는 흠이 없었고 열심히 교회를 박해했다(빌 3:6). 그러나 그가 부활하신 예수님을 만난 이후 인생의 우선순위와 가치관은 180도 바뀌었다. 이전에 자신에게 유익하던 것을 이제는 그리스도를 위하여 해로 여길 뿐 아니라 심지어 배설물로 여기기까지 하였다(빌 3:7-8).

하지만 하나님은 그리스도를 만나기 이전까지 형성했던 바울의 삶의 토대를 쓰레기통에 넣지 않으셨다. 바울이 바리새인으로서 어릴 때부터 랍비가의 명문 가말리엘 문하에서 율법으로 철저하게 훈련받았던 것이 이후 복음 증거사역에 주요한 토대가 되었다. 바울이 기록한 로마서를 보라. 그 안에 얼마나 풍성한 구약의 심상이 드러나는가? 곳곳에서 울리는 구약의 메아리가 예수 그리스도 안에 어떻게 성취되었는가를 풍성하게 드러낸다.[24] 이는 바울이 바리새인이었을 때 구약성경을 철저히 연구했었기에 가능한 일이었다.

성경의 영감에 관한 교리 중에 '유기적 영감' 교리가 있다. 이는 하나님이 성경 저자에게 하나님의 말씀을 기록하게 하실 때 저자의 삶의 자리, 교양, 문화, 지식, 은사, 재능, 직업, 성품, 용어, 문체, 스타일을 최대한 존중하고 사용하시는 가운데 영감을 주셨다는 교리다.[25] 하나님은 바울의 삶에 주권적으로 형성하셨던 다양한 토대를 사용하여 하나님의 말씀을 기록하게 하셨다. 그가 사용한 문체와 어휘, 그리고 스타일은 성경과 유대 문학에 정통하지 않고는 나올 수 없는 것이었다.

나는 어릴 때 유치원을 5년 다녔다. 어머니가 유치원 교사로 오랫동안 재직하셔서 어쩔 수 없이 따라다녔던 것이다. 5년을 다니다 보니 유치원에서 하는 모든 커리큘럼이 훤히 보였다. 노래와 율동, 그리고 구연동화를 가르치는 선생님들의 동작 하나하나가 내 마음에 선명하게 새겨져 있었다. 그런데 훗날 내가 사역자가 되어 어린이 부서를 맡게 되었을 때 이러한 경험이 큰 힘이 되었다. 어린 아이와 어떻게 소통해야 하는지 본능적으로 아는 느낌이었다. 어린이 설교를 할 때면 어린이들이 집중해서 들었다. 때로 30~40분이 넘어가도 집중력이 흐트러지지 않고 잘 들었다. 언제 강조를 해야 할지 어린이의 시선에서 어떻게 표현해야 할지를 알고 있었다. 어떻게 이렇게 어린이의 마음을 잘 이해할 수 있었을까? 돌아보니 어릴 때 5년간 유치원에 다니며 하나님의 주권적 토대를 경험했던 것이 큰 힘이 되었다.

그뿐만이 아니었다. 돌아보면 그동안 살아오며 때로 굳이 이런 경험이 과연 필요할까 느꼈던 것조차 후에 하나님의 나라를 위해 요긴하게 사용되는 것을 종종 경험하였다. 이처럼 하나님은 우리가 알지도 못했을 때 우리 삶을 섭리하시며 하나님의 나라와 영광을 위해 주권적 토대를 마련하신다. 심지어 우리 인생의 상처조차도 하나님의 손에 붙들리면 상처 입은 치유자로 쓰임받게 된다. 불신 가정에서 태어났는가? 그렇다면 불신가정에 있는 이들을 이해하고 공감하며 헤아리는 일에 큰 강점을 발휘할 것이다. 이단에 빠졌던 끔찍했던 경험도 나중에 이단에 빠진 이들을 돌아오게 하는 주요한 자원으로 작용하게 된다.

하나님이 나를 부르신 것은 객관적인 자격요건 때문이 아니다. 나의 삶 가운데 행하신 독특한 주권적 토대를 그분의 영광으로 사용하시기 위함이다. 내가 생각할 때 너무나도 평범한 삶을 살아온 것 같은가? 하지만 하나님은 나의 평범한 삶을 통해 평범한 사람을 붙들어주고 주님의 사랑으로 보듬어주기 위해 나를 부르신다. 기억할 것은 하나님의 주권적 토대는 사역현장에서 쓰임받을 때 점차 뚜렷하게 발견하게 된다는 점이다.

2단계 : **영성 형성,**
리더가 정말 집중해야 할 것

하나님의 주권적 토대 아래 하나님은 우리 인생의 어느 순간 찾아오셔서 그분과의 인격적 관계로 부르신다. 이때 우리는 하나님을 알아가며 그리스도를 닮아가는 신적 성품에 참여하게 된다. "…세상에서 썩어질 것을 피하여 신성한 성품에 참여하는 자가 되게 하려 하셨느니라"(벤후 1:4). 이것은 리더의 영성을 형성(spiritual formation)하는 단계이다. 영성은 하나님과의 관계 형성을 의미한다.

우리가 주님과 어떤 관계를 맺느냐는 장차 그분을 따르는 리더로 본격적인 부름을 받기 전에 중요한 리더십 또는 팔로워십의 기초를 형성한다. 하나님은 이 기간에 우리의 인격적 관계의 성장을 위해 크게 세 가지 영역을 집중적으로 다루고 검증(check)하신다.

신실성

첫째, 신실성 검증(integrity check)이다. 이는 하나님과의 관계를 처음부터 끝까지 얼마나 일관성을 갖고 신실하게 유지하고 지켜내느냐에 관한 것이다. 이를 진실성이라고도 할 수 있다. 신실성은 내면의 믿음을 얼마나 확신 있게 끝까지 지켜낼 수 있는가, 믿음을 뒤흔드는 도전에 대해 어떻게 올바르게 대응할 수 있는가로 드러난다.

다니엘이 바벨론에 끌려가 젊은 인재로 발탁되었을 때 바벨론은 제국의 통치자 느부갓네살이 공급하는 음식과 포도주를 마시게 했다. 그러나 이러한 이방의 음식은 유대 율법에 따르면 제의적으로 부정하였다. 믿음을 지켜야 할 다니엘에게 커다란 도전이었다. 여기는 이방 땅이니 타협하고 나의 신앙적 신념을 포기할 것인가, 아니면 이방 땅에서도 끝까지 내 믿음을 지킬 것인가를 결정해야 했다. 다니엘은 음식에 대한 자신의 믿음에 끝까지 충실하기로 결단했다. 이를 다니엘서는 다음과 같이 진술한다.

"다니엘은 뜻을 정하여 왕의 음식과 그가 마시는 포도주로 자기를 더럽히지 아니하리라 하고 자기를 더럽히지 아니하도록 환관장에게 구하니 하나님이 다니엘로 하여금 환관장에게 은혜와 긍휼을 얻게 하신지라"(단 1:8-9).

다니엘은 굳게 결심하고 왕의 음식 대신 채식과 물을 섭취하기로 한다. 하나님은 위기 가운데서도 흔들리지 않고 끝까지 자기 믿음을 신실하게 지킨 다니엘에게 은혜를 베푸셨다. 다니엘의 안색은 도리어 더욱 윤택해졌고, 하나님이 지혜와 총명을 주셔서 왕 앞에 존귀한 자로 쓰임받게 된다. 다니엘은 끝까지 하나님과의 관계를 지켜냈고 그의 믿음을 신실하게 지켜냈다. 그러자 하나님은 그의 문제를 해결해주고 더욱 깊이 하나님을 신뢰하게 하셨다.

우리의 신실성은 가치관의 선택, 유혹, 갈등, 핍박, 충성의 문제 같은 분야에서 권세 있는 사람을 통해, 아니면 친구를 통해, 환경과 재물 등의 물질적인 것들을 통해 흔들리고 도전받는다.

사울은 왕으로 선택받은 지 얼마 되지 않아 신실성 검증에서 실패한다. 블레셋이 쳐들어오자 사울 왕은 사무엘이 와서 제사를 집례하길 기다린다. 그러나 정한 기한인 7일이 다 되어가는데도 사무엘이 나타나지 않았다. 백성이 흩어지는 것을 보고 사울은 사무엘을 대신하여 제사를 집행한다. 그런데 제사를 마치자마자 사무엘이 도착했다. 사무엘은 사울에게 "왕이 행한 것이 무엇이냐"고 묻는다. 그러자 사울은 어쩔 수 없이 그렇게 할 수밖에 없었다고 핑계를 댄다. 그러자 사무엘은 하나님의 뜻을 전한다. "왕의 나라가 길지 못할 것이라. 여호와께서 왕에게 명령하신 바를 왕이 지키지 아니하였으므로 여호와께서 그의 마음에 맞는 사람을 구하여 여호와께서 그를 그의 백성의 지도자로 삼으셨느니라"(삼상 13:14).

신실성 검증은 리더로 성장하는 데 매우 중요한 초석이다. 하나님께 신실해야 하나님이 책임져주신다. 또한 하나님이 책임져주셔야 가장 효과적이고, 또 가장 좋은 열매를 거둘 수 있다. 당장은 어려움에 처하고 더딘 것 같아도 결국 신실성이 가장 효과적인 리더십의 원리로 작동한다.

순종

하나님은 리더의 영성을 형성하시며 그의 순종 능력을 검증하신다. 리더십은 팔로워십이다. 주님을 따를 때 중요한 것은 내 생각과 방법을 내려놓고 주님이 인도하시는 것을 온전히 신뢰하며 따라가는 것이다. 우리가 주님을 따라가며 반복적으로 훈련받는 영역이 바로 순종 점검(obedience check) 분야이다.

순종은 이해를 전제하지 않는다. 때로 이해가 되지 않더라도 주님이 부르셨으면 기꺼이 신뢰하며 따라가야 한다. 이해가 되지 않을 때 한 번은 순종할 수 있다. 그러나 계속 순종하는 것은 어렵다. 그래서 우리는 끊임없이 우리의 자아를 쳐 복종시켜 순종으로 나아갈 수 있도록 해야 한다.

예수님이 제자들을 처음 보시고 "나를 따르라"고 부르셨을 때 그들은 배와 그물과 가족을 버려두고 예수님을 따랐다. 그러나 예수님이 사역 중반부터 이제 본격적으로 "많은 고난을 받고 장로들과 대제사장들과 서기관들에게 버린 바 되어 죽임을 당할 것"(막 8:31)을 말씀하시자 제자들은 이 말씀에 거칠게 저항했다. 베드로는 예수님을 붙들고는 꾸짖으며 그러시면 안 된다고 가로막았다(막 8:32). 왜 그랬을까? 이는 제자들이 예수님께서 예루살렘에 가셔서 왕이 되시면 자신들은 그 곁에서 높은 자리를 차지할 야심을 품고 있었기 때문이었다. 예수님을 따르기는 했지만 그 속에 감추어진 깊은 야망과 충돌하자 십자가를 지시려는 예수님을 가로막은 것이다. 예수님은 이런 베드로를 향해 "사탄아 내 뒤로 물러가라. 네가 하나님의 일을 생각하지 아니하고 도리어 사람의 일을 생각하는도다"(막 8:33)라고 꾸짖으셨다. 예수님이 부활하시고 성령으로 충만해지고 나서야 베드로는 비로소 자기 십자가를 지고 죽기까지 예수님을 따라갈 수 있었다.

믿음의 조상으로 일컫는 아브라함도 아들을 주실 것이라는 말씀을 신뢰하고 지속적으로 순종할 것을 도전받는다. 시행착오도 여러 번 겪었지만 마침내 아브라함은 100세에 아들 이삭을 낳고 하나님 약속의 성취를 맛본다.

그런데 창세기 22장에 가면 하나님은 아브라함에게 100세에 주신 아들을 두고 심각한 순종의 도전을 하게 하신다. 창세기 22장 1절에 하나님은 아브라함의 순종을 "시험하시려고" 부르셨다고 말씀하신다. 순종을 검증하기 위해 부르신 것이다. 하나님은 아브라함에게 "네 아들 네 사랑하는 독자 이삭을… 번제로 드리라"고 말씀하신다. 도무지 이해가지 않는 하나님의 명령에 아브라함은 정말 진지하게 순종한다. 하나님은 아브라함이 이삭을 잡고 칼을 내리치려 할 때에야 비로소 그를 만류하시며 "네가 네 아들 네 독자까지도 내게 아끼지 아니하였으니 내가 이제야 네가 하나님을 경외하는 줄을 아노라"
(창 22:12)고 하셨다.

우리의 순종은 예수님을 따라다녔던 열두 제자와 같이 이기적인
유익과 야심이 전제된 경우가 많다. 그러나 하나님은 우리가 이것을
기꺼이 내려놓고 전심으로 주님의 말씀에 순종하여 따르는 것을 귀
하게 여기신다. 그리고 하나님의 능력을 드러내신다.

다니엘의 세 친구, 하나냐(사드락), 미사엘(메삭), 아사랴(아벳느
고)가 느부갓네살 왕이 만든 금 신상에 절하라는 요구를 받았을 때
이들은 어떻게 응답하는가?

> "느부갓네살이여 우리가 이 일에 대하여 왕에게 대답할 필요
> 가 없나이다. 왕이여 우리가 섬기는 하나님이 계시다면 우리
> 를 맹렬히 타는 풀무불 가운데에서 능히 건져내시겠고 왕의
> 손에서도 건져내시리이다. 그렇게 하지 아니하실지라도 왕이
> 여 우리가 왕의 신들을 섬기지도 아니하고 왕이 세우신 금 신
> 상에게 절하지도 아니할 줄을 아옵소서"(단 3:16-18).

이들은 하나님이 지켜주실 것을 전제로 순종하지 않았다. 이들
은 하나님이 자신들을 살려주지 아니하실지라도 하나님을 향한 순
종을 거두지 않을 것을 선언했던 것이다. 그러나 하나님은 이들의
전폭적인 순종에 이들을 구하시고 하나님의 영광을 드러내실 뿐 아
니라 이들을 바벨론에서 더욱 높이셨다(단 3:30). 이러한 순종을 통

해 세 친구의 신실함이 함께 드러났다. 이처럼 순종 검증은 많은 경우 신실성 검증과 겹친다.

우리가 주님을 따르는 평생 팔로워(Lifelong follower)인 한 우리는 평생에 걸쳐 순종 검증을 받는다. 하나님은 우리의 순종을 지속적으로 검증하고 훈련하신다. 팔로워는 날마다 자신을 십자가에 못 박고 주님을 향한 순종에 갈수록 익숙해져야 한다.

말씀

말씀 검증(word check)은 하나님의 말씀을 분별하여 그 말씀에 따라 자신의 삶이 인도받고 말씀이 삶 속에서 역사하도록 하는 것이다. 리더는 매 순간 구성원에게 거룩한 영향력을 행사하기 위하여 자신에게 주시는 하나님의 말씀을 통해 그의 뜻을 분별할 수 있어야 한다. 하나님 앞에 단독자로 서서 말씀의 자양분을 자급자족하며 말씀을 붙들고 가야 한다.

하나님은 그의 말씀을 통하여 리더의 사역에 등불을 비추어주신다. 맡기신 사역에 대한 확신을 주시고, 문제를 돌파하게 하시며, 하나님의 인도함을 나타내며, 다른 팔로워들을 양육하신다.

리더는 처음에 하나님의 말씀을 분별하지 못하고, 세상 소리와 혼동할 때가 잦다. 사무엘을 보라. 하나님의 말씀이 처음 사무엘을 찾아왔을 때 사무엘은 하나님의 음성을 엘리 제사장의 음성과 구별하지 못했다. 그러나 같은 말씀이 세 번이나 반복되자 분별의 경험이 있는 엘리 제사장은 하나님이 사무엘을 부르신 줄을 깨닫고, 그 말씀 앞에 어떻게 반응하고 분별해야 하는지를 지도한다. 엘리는 사무엘에게 "그가 너를 부르시거든… 여호와여 말씀하옵소서. 주의 종이 듣겠나이다 하라"(삼상 3:9)고 조언한다. 이 조언에 따라 사무엘은 하나님의 음성을 듣기 시작한다.

이때부터 평생 하나님의 말씀에 붙들렸던 사무엘은 하나님의 말씀을 평생 붙들고 그 성취를 경험하며 살았다. 이를 사무엘상 3장 19절 이하는 다음과 같이 진술한다.

> "사무엘이 자라매 여호와께서 그와 함께 계셔서 그의 말이 하나도 땅에 떨어지지 않게 하시니… 여호와께서 실로에서 여호와의 말씀으로 사무엘에게 자기를 나타내시니라"(삼상 3:19,21).

이처럼 리더가 믿음의 첫걸음을 내디딜 때 처음에는 하나님의 말씀을 잘 분별하지 못한다. 그래서 하나님은 종종 그의 뜻을 구하며 말씀을 분별하려는 리더에게 사무엘과 같이 거듭 확인해주시곤 한다. 이를 '이중 확인'(double confirmation)이라고 한다. 예수님도 사역의 중요한 출발점에서 "너는 내 사랑하는 아들이요 내 기뻐하는 자"라는 하늘 아버지의 음성을 이중으로 확인하셨다(마 3:17, 17:5). 또 모세는 어떠했는가? 하나님은 다섯 번이나 사명을 거듭 확인시켜

주시며 그를 부르셨다(출 3:10-11,12-13, 4:1-9,10-12,13-17). 이처럼 하나님의 말씀으로 거듭 확인받은 리더는 보다 큰 확신을 갖고 용기를 내 말씀에 순종할 수 있다. 이중 확인은 말씀과 함께 다양한 통로를 통해 확증된다. 이는 선포된 말씀인 설교, 상황의 변화, 위기, 섭리적 만남, 갈등, 신앙 서적 등 다양한 통로를 포함한다.

리더는 하나님의 말씀으로 거듭 훈련받고, 그의 뜻을 분별하며, 더 나아가 그 말씀이 성취되는 역사를 종종 경험한다. 이를 통해 리더는 자신의 생애와 공동체가 하나님의 말씀에 인도받기를 사모하며, 말씀에 대한 분별과 확신을 구하며 나아가게 된다. 리더의 말씀 검증은 장차 그가 영향력을 끼치는 공동체가 하나님의 뜻에 인도받는 중요한 기초가 된다.

이상으로 살펴본 바에 따르면 하나님은 영적 리더를 세우시기 위하여 신실성, 순종, 말씀의 세 가지 영역을 집중적으로 훈련하신다. 이러한 검증은 종종 상호 간에 겹쳐서 나타난다. 순종과 진실성 검증이 함께 나타나기도 하고, 말씀과 순종 점검이 함께 나타나기도 하며, 이 세 점검이 동시에 나타나기도 한다. 이 중 어느 것 한 가지라도 소홀히 다루어서는 안 된다. 우리는 신앙이 자라고, 이러한 점검의 영역을 철저하게 훈련받으며, 진실함과 순종과 말씀에 있어서 단단해져야 한다.

리더들의 생애주기를 살펴보면 위의 세 가지 점검 중 연약한 부분이 있을 경우, 리더로서 한창 쓰임받을 때 걸려 넘어지게 하는 걸림돌로 작용할 때가 많다. 따라서 우리는 무릇 지킬 만한 것보다 더욱 마음을 지키며 각 영역에서 신실하게 점검받고 다져져야 할 것이다(잠 4:23 참조).

사역이 한창 진행될 때 우리의 연약한 영역이 드러나 걸려 넘어지면 다시 회복하고 훈련을 받기가 어려울 때가 잦다. 그렇기에 하나님께서 우리를 부르실 때 기쁘게 순종하며 많이 훈련받을 수 있기를 바란다. 이것이 장차 공동체를 세우는 커다란 밑거름이 될 것이다.

3단계 : **리더,** 사역의 어려움과
관계의 상처를 통해 성장한다

예수님의 제자들은 예수님을 따라다니기만 한 것이 아니다. 예수님은 자기 제자들이 사역을 따라 해보도록 실습을 시키셨다. 마가복음은 예수님이 열두 제자를 세운 것이 "자기와 함께 있게 하시고 또 보내사 전도도 하며 귀신을 내쫓는 권능도 가지게 하려 하심이러라"(막 3:14-15)고 밝힌다. 예수님을 따라다니며 함께하는 것만이 아니라 그분의 사역도 따라 하도록 하신 것이다. 그런 와중에 제자들은 그 안에서 때로 경쟁하고 다투며 성장하였다(마 20:24, 막 9:34, 요 20:4).

이처럼 한 사람의 리더가 예수님을 따르도록 부름받으면 그에게는 사역의 도전과 함께 관계의 갈등이 찾아온다. 어떤 이는 사역의 도전 앞에 부담된다며 내려놓기도 하고, 또 어떤 이는 관계에 상처

받기 싫다며 내려놓기도 한다. 그러나 예수님을 따라가는 과정 중에 이러한 도전과 갈등은 항상 있다. 우리가 이런 도전에 대해 건강하게 응전하면 이러한 도전들은 우리로 예수님을 따르는 리더로 성장하는 데 유용한 자양분을 경험하게 할 것이다.

3단계에서 리더는 그동안 예수님을 따라다니며 맛보았던 하나님의 선하심을 이제 다른 이들과 나누는 한 차원 더 성숙한 팔로워로 성장하게 된다. 이 단계에서 리더는 크게 네 단계를 거쳐 성장한다. 이는 사역으로의 초청, 훈련, 관계학습, 분별 혹은 통찰력의 단계이다.

사역으로의 초청

하나님은 리더의 내면에 성실성, 순종, 말씀 점검을 통하여 중요한 영적 팔로워십의 기초를 세우고 리더를 사역으로 초대하신다. 이것은 주로 사역자, 선배, 담당자 등을 통하여 일어난다. 이들은 잠재적인 리더들을 사역으로 초대하여 이런저런 소소한 사역을 하나둘씩 맡겨본다. 이런 임무는 잠재적인 리더의 내적 자질을 점검하며 잠재력을 가늠하는 자료가 된다. 이때 리더는 이러한 임무들이 하나님으로부터 왔고, 하나님이 맡기신 일로 받아들이며 신실하게 감당해야 한다.

사도 바울이 다메섹 도상에서 그리스도를 만나 극적으로 회심한 후 바나바는 바울의 고향 다소에 찾아간다. 성경은 바나바를 "착한 사람이요 성령과 믿음이 충만한 사람"(행 11:24)으로 소개한다. 믿음의 선배 바나바는 이제 회심한 지 얼마 지나지 않은 사울을 안디옥교회의 사역으로 초청한다. 이곳에서 바나바는 사울과 함께 일 년간 무리를 가르쳤고, 여기서 비로소 무리가 크리스천이라는 이름을 받게 되었다(행 11:26). 이 기간에 바나바는 바울의 순종과 사도적 은사를 점검하고 알아볼 수 있게 되었다. 이를 바탕으로 바울은 바나바와 함께 제1차 선교여행에 동역하게 되고, 이것이 세계선교의 밑거름이 되었다.

작은 사역 임무로의 초대는 리더십의 가능성을 가늠해 볼 수 있는 표지가 될 수 있다. 팔로워는 이런 임무가 하찮게 보이고 인간적인 부탁처럼 보이더라도 그 배후에 부르시고 사용하기를 원하시는 하나님을 볼 수 있어야 한다. 작은 일이라도 주께 하듯 감당할 수 있어야 한다(골 3:23).

영적 리더는 그리스도를 따라가면서 주어지는 크고 작은 사역의 임무가 도전이 될 수 있다. 찬송가 461장의 가사처럼 주께서 "이런 일도 다 할 수 있냐?"고 물어보실 때 우리는 "용감했던 바울처럼 선뜻 대답"하는 자리로까지 나아갈 수 있어야 한다. 부르신 분이 주님이시면 주께서 책임져주시고 필요한 능력과 자원과 사람까지 붙여주심을 신뢰하며 나아갈 수 있어야 한다.

훈련

예수님을 따라가며 주어지는 사역의 초청에 응하다 보면 더 훈련받아야겠다는 생각이 들 때가 있다. 우리는 사역을 감당하면서 사역을 더 잘 감당하기 위한 여러 가지 기술과 지혜를 익히고 배우는 단계에 접어드는데, 이 과정을 '훈련(training) 과정'이라 부른다. 훈련과정은 크게 네 가지 분야로 나눈다.

사역 기술

사역 기술은 크게 기능적 기술과 관계적 기술로 나눌 수 있다. 기능적 기술은 사역을 감당할 때 필요로 하는 기능과 관련한 것들이다. 소그룹을 인도하고, 교회학교 분반을 맡아 지도하며, 찬양팀을 인도하기 위한 악기를 배우는 것 등이다. 말씀을 다루는 기술은 이런 기능에 빠져서는 안 될 중요한 기능이다. 여기에는 말씀을 묵상하고 연구하며 가르치고 전달하는 기술을 포함한다. 둘째로 관계적 기술은 다른 팔로워들과의 효과적인 커뮤니케이션 기술, 갈등을 다루는 기술, 건강한 관계를 가꾸어 가는 기술 등을 포함한다.

정규 양육과정

공동체는 정규 양육과정을 개설하여 운영한다. 이러한 과정에는 성도를 영적 리더이자 팔로워로 세우기 위한 인격형성을 돕는 과정과 사역에 필요한 기술과 역량을 갖추도록 돕는 과정이 있다. 제자

훈련의 경우도 제자반과 사역자반으로 나누어 훈련하는 경우가 많다. 이런 정규적인 과정은 공동체 내에서 공식적인 리더를 인정하여 세우는 건강한 통로가 된다.

비정규 도제훈련

도제(prentice)란 장인과 일상을 함께 보내며 한 분야의 기술, 가치관, 철학 등을 깊이 배우며 내면화하는 교육을 받는 제자를 말한다. 장인은 일상을 함께하며 도제의 성장 정도에 따라 맞춤식 교육을 진행하며 기술을 전수한다. 영적 리더십에서 비정규 훈련과정이란 팔로워가 매일매일 리더와 함께하며 그의 영적 리더십을 배우고 익히는 과정이다. 예수님이 제자들을 부르실 때 정규 커리큘럼이나 학교로 부르지 않으셨다. 예수님은 제자들과 24시간 함께하려고 부르셨다(막 3:14). 제자들은 예수님과 함께하며 그분이 기도하는 것, 가르치는 것, 긍휼을 베푸시며, 귀신을 내쫓고 기적을 행하시는 것, 또 예수님을 찾아오는 이들을 상담하고 위로하는 것 등을 이론과 커리큘럼이 아닌 실전으로 보고 경험하였다. 이것이 비정규 도제훈련이다.

소그룹 인도자 중 탁월한 리더의 공통점은 대부분 소그룹 역동성이 활발하고 성장하는 소그룹 출신이라는 점이다. 성장하는 소그룹을 경험한 이들이 리더를 맡았을 때 자신이 맡은 소그룹을 활성화할 수 있다. 소그룹 동력은 이론으로 배울 수 있는 것이 아니다. 이것은 비정규 도제훈련을 통해 상당한 시간을 거쳐 경험해야 배울 수 있다. 친밀하고 역동적인 소그룹 리더 아래 좋은 소그룹 구성원과 잠재적인 소그룹 리더들이 배출된다.

이것은 사역자에게도 마찬가지다. 신학교에서 배운 신학공부가 정규 양육과정이라면 사역현장에서 비정규 도제훈련을 통해 내면화하여 사역의 역동성과 결합되어야 한다.

은사 계발 및 발견

나의 은사가 무엇일까? 당신의 은사가 무엇이냐고 물으면 아직 잘 모르겠다고 대답하는 이가 많다. 이는 아직 은사를 발휘해 볼 기회가 충분하지 않기 때문이다. 은사는 사역을 감당할 때 드러난다. 전에는 이것이 은사인 줄 모르고 있다가 소그룹이나 공동체에서 이를 사용하면서 이것이 하나님이 자신에게 주신 독특한 은사임을 깨닫게 된다. 자신은 큰 어려움과 노력 없이 자연스럽게 행하는 것인데 주변 사람은 이로 인해 많은 도움을 받고 용기를 얻는다.

반면 어떤 것은 애써도 잘 안 되는 것들이 있다. 아직 그쪽으로는 은사가 없는 것이다. 사역을 감당하면서 발견하는 은사는 두세 가지 이상의 복합적인 것들이다. 리더는 성령의 도우심을 구하며 은사를 활용할 때 크고 작은 열매를 맛보게 된다. 이런 와중에 은사가 계발되어 갈수록 더욱 강력한 영향을 발휘하기도 한다. 아직 나의 은사가 무엇인지 잘 모르겠는가? 그렇다면 사역의 현장에 더 깊이 들어가보라. 그곳에서 하나님이 선물로 주신 소중한 은사가 무엇인지 발견할 수 있을 것이다.

관계학습

리더는 관계를 타고 영향력을 발휘하는 사람이다. 따라서 리더십이 성장하려면 관계 또한 성장해야 한다. 하나님은 관계를 통하여 리더십의 주요한 단계들을 훈련시킨다. 이는 권위에 대한 통찰, 관계에 대한 통찰, 사역의 갈등 관계를 통한 통찰, 그리고 리더십에 대한 반발을 통한 배움 등이다.

권위에 대한 통찰

리더는 크고 작은 리더십을 발휘하는 과정을 통해 참된 권위의 근원은 하나님에게서 온다는 것을 배우게 된다. 사람이 행사하는 리더십의 영적 권위는 그 사람에게 속한 것이 아니라 다만 하나님에게서 오는 권위를 나타내는 통로에 불과함을 깨닫는다. 참된 영적 리더는 주께 위탁받은 것을 다 행한 후 "우리는 무익한 종이라. 우리가 하여야 할 일을 한 것뿐이라"(눅 17:10) 고백하는 사람이어야 한다.

리더에게 순종하는 것은 리더 개인에게 하는 것이 아니라 리더 배후에 계신 하나님에 대한 순종임을 알게 된다. 권위에 대항하는 것은 하나님께 대항하는 것이다. 미리암과 아론은 자기 동생 모세가 구스 여인을 아내로 맞이하자 이를 비방하였다(민 12:1). 모세가 아무런 자기변호를 하지 않고 이들의 비난을 듣고만 있을 때 하나님의 영광이 그들 가운데 친히 나타나셔서 모세를 보호하셨다. 하나님은 모세는 하나님 집의 충성된 종이라 칭찬하시면서 "그와는 내가 대면하여 명백히 말하고 은밀한 말로 하지 아니하며 그는 또 여호와의 형상을 보거늘 너희가 어찌하여 내 종 모세 비방하기를 두려워하지 아니하느냐'라고 도리어 아론과 미리암을 향해 진노하며 책망하셨다(민 12:8-9). 이를 통해 하나님은 모세가 하나님의 권위와 영광을 드러내는 권위의 주체가 아닌 팔로워, 곧 종임을 분명히 하신다. 그렇다고 모세의 존재감이 없는 것이 아니다. 모세는 지극히 높으신 하나님의 영광을 드러내는 영광의 통로이자 하나님의 인정받는 일꾼이다. 그렇기에 하나님이 보호하고 붙들어주신다.

관계학습을 통해 리더와 그를 따르는 팔로워는 모두 권위에 순복하는 훈련을 한다. 겉으로 볼 때 내성적이고 카리스마도 없고 친화력도 없는 것같이 보이는 리더라 할지라도 그를 묵묵히 따르다 보면, 하나님이 그를 붙들어주시고 그분의 능력이 흘러나오는 통로가 됨을 목도하고 인정하게 된다.

리더와 팔로워는 이 기간을 통해 영적 권위에 대한 다음과 같은 통찰을 배우게 된다. 참된 권위의 원천은 무엇인가? 영적 권위는 어떻게 형성하며 더해 갈 수 있는가? 영적 권위를 어떻게 사용해야 하는가? 영적 권위를 남용할 때의 위험성은 무엇인가? 더 나아가 잘못된 권위는 무엇이며, 이를 사용할 때 권위가 어떻게 무너지는가?

관계에 대한 통찰

리더십은 영향력이다. 그리고 영향력은 리더가 주변 팔로워들과 어떤 관계를 맺느냐로 좌우된다. 이런 면에서 리더십은 '관계십'이다. 리더는 영향력이 성장하면서 관계를 배우고 성장하며 관계에 대한 통찰력이 자란다. 관계가 좋을 때는 별문제 없다. 그러나 서로의 이해관계가 충돌하고 관계가 뒤틀릴 때도 선한 영향력을 행사할 수 있을까? 이때 우리는 권위와의 충돌, 사역의 위기, 순종의 결단 등을 통해 관계에 대한 깊은 통찰을 배운다. 리더는 때로 자기 고집과 원칙을 내려놓고 자신을 따르는 팔로워의 심정을 헤아릴 수 있어야 한다. 구성원이 나의 잘못을 지적할 때 나는 어떻게 반응할 것인가? 또 그들이 충분히 성숙할 때까지 인내하며 기다려 줄 수 있는지에 대한 도전을 받는다.

바울과 바나바는 관계에 대해 많은 생각을 하게 한다. 바나바는 바울을 발굴하기 위해 그의 고향 다소까지 가서 안디옥교회의 사역 현장에 초대했던 믿음의 선배였다. 바나바는 바울이 성장하여 초대교회에 주도적인 영향력을 발휘할 때까지 그를 이끌어주었다. 성경은 처음에 이들을 '바나바와 바울'로 소개한다(행 11:30, 12:25, 13:2). 그러나 사도행전 13장 13절부터 '바울과 바나바'로 바뀐다(행 13:43, 46, 50, 15:2, 22, 35). 또한 사역에서도 바울의 주도적인 역할이 부각된다. 바나바는 관계에 대한 성숙한 통찰로 바울의 과거 행적을 덮고 그가 복음을 위하여 헌신할 수 있는 길을 열어주었다. 복음전파에 있어서 자신은 한 걸음 뒤로 물러나고 바울이 앞장설 수 있도록 배려해주었던 것이다.

바울은 복음전파의 일을 열정적으로 수행하였지만 관계에 있어서는 충분히 성숙하지 못했다. 바울의 성숙하지 못함으로 제2차 선교여행에 마가를 데려가는 문제에 있어 바나바와 크게 충돌했다. 마가는 제1차 선교여행 중 리더십의 주도권이 바나바에서 바울로 넘어갈 때 밤빌리아에서 선교팀을 이탈한 적이 있었다(행 15:38). 자신의 미숙함일 수 있었고 성급한 판단일 수도 있었다. 마가가 보기에 바울이 너무 적극적이고 진취적이어서 자신이 숨 돌릴 틈도 없이 밀어붙인다고 생각했을 수도 있었다. 하지만 이후 마가는 자신의 성급한 결정을 후회하고 이를 바나바에게 털어놓았던 것 같다. 제1차 선교여행을 마치고 돌아온 바울과 바나바 일행은 얼마 지나지 않아 제2차 선교여행을 떠나게 되었다.

이때 바나바는 마가를 품고 그를 다시 선교여행에 동행시키고자 하였다. 그러나 바울이 이를 극렬히 반대하였다. 바울은 마가를 마치 배신자처럼 취급하였다. "밤빌리아에서 자기들을 떠나 함께 일하러 가지 아니한 자를 데리고 가는 것이 옳지 않다"(행 15:38)고 하며 영적 선배였던 바나바 앞에서 적극 반대하였다. 바나바의 입장에서 이때 마가를 내치는 것보다는 품는 것이 그의 가능성과 성장을 위해 훨씬 더 유익했다. 그러나 바울은 마가가 또다시 이탈할 가능성을 제기하며 처음부터 그를 배제하려 하였다. 이런 바울의 배타적인 태도는 바나바와 심한 갈등을 야기하였고, 급기야 바울은 바나바와 갈라져 따로 선교여행에 나서기로 결정한다.

바울의 이런 태도는 예수님을 믿기 전 유대교에 있으면서 예수님을 믿던 신자를 배척하고 박해하던 고압적인 삶의 양식이 그대로 남아 있었기 때문일 가능성이 컸다. 반면 바나바는 마가를 끝까지 품고 구브로(싸이프러스)를 향해 바울 일행과 별도로 선교여행을 떠났다.

시간이 흘러 바울은 많은 사람을 만나고 어려움도 겪으면서 마침내 인내와 용서, 수용의 중요성을 깨닫고 배우게 되었다. 바울은 한때 배척했던 마가를 다시 품는다. 마가는 바울의 포용에 다시 그의 곁으로 다가가고 그와 감옥에 갇히는 데까지 함께하며 신실하고 충성된 일꾼으로 변화된다. 미숙했던 바울과 마가 모두 성숙함에 이르고 서로를 신뢰하게 되었다. 바울은 골로새교회에 편지를 쓰며 자신과 함께 갇힌 마가가 복음을 위해 골로새교회에 이르거든 환대할 것을 부탁한다(골 4:10). 복음에 충성하고 성숙했던 마가는 훗날 마가복음을 집필하기에 이른다.

관계 통찰과정을 통해 리더는 주변의 팔로워들을 신뢰하고 인내하고 품는 것을 배운다. 또한 자기 위에 있는 권위에 대하여 순종하는 법을 배운다. 때로 부당하게 느끼고 그런 리더를 바로잡으려 하다가 튕겨 나가기보다는 끝까지 하나님의 손길을 신뢰하며 아름다운 관계를 지켜나가는 법을 배우게 된다.

사역의 갈등 관계를 통한 통찰

리더가 하나님이 맡기신 일을 감당하다 보면 갈등을 겪기 마련이다. 가족과의 갈등이 있기도 하고 팔로워들과의 관계에서 갈등을 겪기도 한다. 갈등은 리더의 선한 의도와 상관없이 일어날 때가 많다. 이러한 갈등이 일어나는 주요 원인은 서로에 대한 기대가 다르고, 소통하는 방식이 다르기 때문이다(34쪽, 그림 1. 리더십 과정 다이어그램 참조). 갈등이 일어나면 리더는 보통 원망과 비판의 대상이 되기 마련이다. 하지만 지혜로운 리더는 갈등을 통과하며 이를 해소하고 창조적으로 활용하는 방법을 시도하게 되고, 이를 통해 관계의 성숙을 경험한다.

갈등 자체를 통과한다는 것은 싫은 일이다. 갈등은 힘들고 마음의 번민을 만든다. 그러나 리더는 갈등을 통하여 아름다운 성품을 단련한다. 로마서의 말씀을 보자. "다만 이뿐 아니라 우리가 환난 중에도 즐거워하나니 이는 환난은 인내를, 인내는 연단을, 연단은 소망을 이루는 줄 앎이로다"(롬 5:3-4). 갈등을 통해 우리는 인내를 배운다. 그리고 인내에 기초한 견고한 성품(character, 연단)을 형성한다. 인내에 관하여 사도 야고보는 다음과 같이 말씀한다. "내 형제들아 너희가 여러 가지 시험을 당하거든 온전히 기쁘게 여기라. 이는 너희 믿음의 시련이 인내를 만들어 내는 줄 너희가 앎이라. 인내를 온전히 이루라. 이는 너희로 온전하고 구비하여 조금도 부족함이 없게 하려 함이라"(약 1:2-4). 인내로 연단된 성품은 크고 작은 갈등 중에도 평정심을 유지하며 하나님의 일하심에 대한 소망을 품고 나아간다. 그리고 이럴 때일수록 사역의 본질적인 부분과 부르심에 집중한다.

초대교회가 시작되고 성령의 놀라운 역사가 일어날 때 사도들은 예기치 못했던 갈등에 직면했다. 교회가 한창 성장할 때 열두 사도는 교회 내의 과부들을 구제하는 일에도 열심이었다. 그런데 구제하는 과정에서 의도치 않게 헬라 출신 유대 그리스도인 과부들의 거센 원망에 부딪혔다. 이들이 볼 때 사도들이 유대 본토 출신 과부들을 편애해서 너무 편파적으로 구제를 베풀었기 때문이었다(행 6:1). 교회에서 매일 음식을 나누는데 헬라 출신 유대 과부들은 차별받는다고 느꼈다. 결국 원망을 쏟아내며 사도들을 비난하기 시작했다.

리더는 자신의 선한 의도와 상관없이 처리하는 방식과 소통에 있어서 팔로워의 오해를 받기 쉽다. 이때 갈등을 어떻게 처리하느냐는 리더의 성숙도와 진정성, 그리고 그의 정체성을 드러낸다. 이때 퍼스트 팔로워로서의 정체성을 가진 리더는 이 위기 가운데 이루시려는 하나님의 뜻과 그의 능력에 집중한다. 그리고 하나님이 자신을 부르신 부르심에 집중한다. 사도들이 대처했던 방식이 그러했다. 반면 자신이 모든 것을 통제하는 주인이라고 여기는 리더는 분노하고 억울해한다. 주변 사람을 미워하고 원망하며 자신의 억울함을 풀 방법을 고민한다.

본질적인 부르심에 집중했던 열두 사도는 모든 제자를 불러서 먼저 자신들의 근본 부르심이 무엇인지 확인했다. 그것은 자신이 하나님의 말씀에 부름받은 자들이지 구제가 우선순위가 아니라는 것이다. 열두 사도는 구제 과정의 투명성과 신뢰도를 위하여 "성령과 지혜가 충만하여 칭찬받는 사람 일곱"을 세워 이들에게 구제 사역을 위임하기로 결정한다(행 6:3). 그러자 모든 제자는 이 말을 기뻐했다. 사도들의 투명한 해결방식에 만족하고 적극적인 지지를 보냈던 것이다.

열두 사도가 본질적인 사명인 말씀에 집중하고, 일곱 집사의 구제사역이 투명하고 공정하게 집행되자 하나님의 말씀이 점점 왕성하여 예루살렘에 제자가 심히 많아지게 되었고, 심지어 허다한 제사장들도 복음 앞에 무릎 꿇게 되었다(행 6:7).

리더는 위기가 찾아올 때 본질에 집중해야 한다. 자신의 부르심을 점검하고 본질적인 사명에 충실해야 한다. 또한 기대가 다르고 소통이 충분하지 않았던 영역은 연약함을 인정하고 이를 공정하고 투명하게 더 잘 감당할 수 있는 이에게 위임해야 한다. 서로의 다른 기대를 조정하고 투명한 소통으로 전환하여 위기를 돌파해야 한다. 이 과정을 통해 리더는 하나님의 부르심으로 공동체를 지혜롭게 이끌어가는 과정을 배우게 된다. 또한 인내 가운데 갈등을 통하여 하나님의 선한 뜻을 이루시는 하나님의 주권을 인정하고 고백하게 된다.

리더십에 대한 반발을 통한 배움

리더는 종종 팔로워들의 거센 저항과 반발에 직면한다. 리더는 신실하게 하나님의 뜻대로 구성원을 인도하려 하지만 팔로워는 종종 리더의 인도를 거부하고 리더십에 거세게 반발한다. 리더가 잘하든 못하든 그의 역량에 상관없이 일어난다. 이것은 하나님의 인도하심이 초래하는 영적 긴장과 충돌로 인한 것이다.

구약의 대표적인 리더 모세를 보라. 그는 하나님의 부르심을 따라 이스라엘 백성을 인도하지만 곳곳에서 반발에 직면하였다. 모세는 먼저 용기를 다하여 하나님의 뜻을 애굽 왕 바로에게 전하였다. 그러나 바로는 이를 거부하고 이스라엘 백성의 노역을 더욱 무겁게 하였다. 백성들은 모세에게 항의하며 비난의 화살을 돌렸다(출 5:21). 이런 반대는 이스라엘이 기적적으로 홍해를 건넌 후에도 계속되었다. 불과 사흘 전까지만 해도 홍해를 건넌 감격과 기쁨으로 하나님을 찬양했던 백성들이 광야의 목마름을 겪고 나자, 하나님을 원망하며 모세의 리더십에 거세게 반발하였다(출 15:24). 분명 리더의 비전에 동의하고 함께했음에도 자신들에게 불리하고 힘든 상황이 펼쳐지자 즉각적으로 반발했던 것이다. 이스라엘 백성은 분명 하나님의 인도하심을 확신하고 홍해를 통과하여 광야까지 왔다. 그러나 광야에서 마주한 예기치 못한 가혹한 환경 앞에 모세의 리더십에 반발한 것이다.

신약의 예수님은 어떠했는가? 예수님이 공생애를 시작하시며 나사렛 회당에서 자신의 사명을 이사야서를 인용하여 선포하셨다. "주의 성령이 내게 임하셨으니 이는 가난한 자에게 복음을 전하게 하시려고 내게 기름을 부으시고 나를 보내사 포로 된 자에게 자유를, 눈먼 자에게 다시 보게 함을 전파하며 눌린 자를 자유롭게 하고 주의 은혜의 해를 전파하게 하려 하심이라 하였더라"(눅 4:18-19). 이 장엄한 선포를 접한 사람들의 반응은 어떠했는가? "회당에 있는 자들이 이것을 듣고 다 크게 화가 나서 일어나 동네 밖으로 쫓아내어 그 동네가 건설된 산 낭떠러지까지 끌고 가서 밀쳐 떨어뜨리고자 하되"(눅 4:28-29). 사역 초기부터 거대한 반발에 부딪혔다.

또 예수님은 사역의 마지막 국면에 자신을 따르던 제자 중 가룟 유다의 배신으로 산헤드린 공회에 넘겨지게 되었다. 자신을 가장 가까이 따르던 제자가 예수님의 리더십에 반발한 것이다. 가룟 유다는 예수님을 따르며 그가 베푸시는 기적과 능력을 함께 경험하였다. 그러나 정치적인 혁명이 아니라 십자가를 지고 고난받고 죽임을 당해야 한다는 반복적인 예고 앞에 크게 실망하였던 것 같다. 예수님이 나아가는 방향에 동의할 수 없었던 것이다.

이처럼 리더에 대한 반발은 리더의 성품과 자질 유무 이전에 리더가 이끌고 가는 방향에 대한 반발이다. 이는 동시에 하나님의 인도하심에 대한 반발이기도 하고, 죄성에 기반한 팔로워의 기대와 정면충돌하는 것이기도 하다. 이러한 반발은 리더의 인내와 비전, 믿음을 흔들고 시험한다.

리더가 이러한 반발을 경험할 때 리더는 하나님 앞에 더욱 엎드리게 된다. 기도의 자리에 나아와 이 모든 상황을 간절하게 아뢰며 하나님의 도우심을 구한다. 이런 면에서 리더가 리더십에 대한 반발을 경험하는 것은 더욱 하나님만 바라보며 그분께 더욱 신실하게 순종하는 믿음을 배우는 기회가 된다.

리더가 하나님 앞에 나아가 도우심을 구할 때 리더는 하나님으로부터 방향에 대한 재확증(double confirmation)을 받는다. 이는 리더의 개인적인 영성을 형성하는 말씀검증 과정 때 여러 차례 훈련받았던 부분이기도 하다. 이런 확신으로 리더는 반발 가운데서도 더욱 담대하게 팔로워들에게 하나님의 뜻을 제시하며 이들을 이끌고 나아간다. 하나님은 이런 리더와 함께하시며 그분의 살아 역사하시는 손길을 생생하게 드러내며 지지해주신다.

이 과정을 통해 리더는 팔로워들의 반발과 충돌로 인해 자신은 연약한 존재이고, 하나님의 붙들어주심이 아니고는 리더의 역할을 감당할 수 없음을 고백하게 된다. 그리고 그 가운데 붙들어주시는 생생한 손길을 경험하며 하나님을 더욱 가까이하며 신뢰하게 된다.

요컨대 리더십에 대한 반발은 리더의 사명과 정체성, 인내와 소망과 비전을 함께 시험한다. 팔로워들이 리더의 인도와 비전에 함께하기로 동의했을지라도 광야를 지나고 사망의 음침한 골짜기를 지나가게 되면 지도자를 원망하며 반발한다. 그러나 리더가 하나님의 인도하심으로 구성원들을 인도할 때 그 방향이 하나님이 기뻐하시는 방향일수록 고난이 따르고, 리더와 구성원은 그 고난을 함께 인내해야 한다는 것을 기억해야 한다. 이때 리더는 구성원에게 하나님의 인도하심에는 고난과 인내가 따름을 자주 효과적으로 의사소통할 필요가 있다. 요한계시록에는 이러한 권면이 잘 나타난다. 사도 요한은 로마제국으로부터 핍박받는 교회를 향하여 먼저 자신을 "예수의 환난과 나라와 참음에 동참하는 자"(계 1:9)로 규정하고, 이들 또한 인내의 말씀을 지키며 끝까지 환난과 시험을 이기라고 권면한다(계 2-3장). 환난과 인내는 리더의 필수과목이다.

분별 혹은 통찰력

영적 리더에게는 열심히 달려가다가 모든 것이 제자리인 것 같은 정체기가 찾아온다. 일종의 고원(高原, plateau) 현상이다. 높은 산을 오를 때 한동안 계속 올라가다가 어느 순간이 되면 높은 지대에 평원이 펼쳐진다. 평원을 지나갈 때는 등산하는 것 같은 느낌이 들지 않는다. 지금 내가 무엇을 하고 있나 하는 생각이 들 정도로 평평한 길을 계속 걷는다. 그러나 이것도 산을 오르는 과정의 일부다. 이 고원을 지나가야 더 높은 봉우리를 만나게 되기 때문이다.

영적 리더에게 항상 발전과 전진만 있는 것이 아니다. 어느 순간 정체기에 맞닥뜨리게 되는데 하나님은 이런 기회를 통해 리더사역의 다양한 측면을 경험하게 하시며, 사역에 대한 통찰력과 영적 안목을 확장시켜주신다. 이를 통해 리더는 개인과 공동체의 정체성에 대한 새로운 안목을 갖고 이를 돌파하여 앞으로 나아간다. 또한 순간순간 닥치는 어려움을 인간적인 수단과 방법만이 아니라 하나님이 기뻐하시는 방법으로 돌파한다.

영적 분별력

리더는 사역의 현장에서 씨름하는 것이 혈과 육의 인간적인 요소로만 이루어지는 것이 아니고, 그 배후에 영적 실체들이 있으며, 이를 분별해야 함을 배우게 된다(엡 6:12).

다니엘서 10장에서 다니엘은 이스라엘을 위하여 3주간 금식하며 기도하고 있었다. 이때 천사가 3주 만에 나타나는데 천사는 다니엘이 기도하는 첫날 응답을 받고, 곧바로 다니엘에게 파송되었음을 말해준다(10:12). 그런데 왜 3주 만에 다니엘에게 왔을까? 이는 페르시아를 지배하는 영적 세력이 천사를 가로막고 방해하고 있었기 때문이다. 천사장 미가엘이 와서 도와주어 그 방해를 뚫고 21일 만에 다니엘에게 내려올 수 있었다(단 10:12-14). 이를 통해 다니엘은 자신의 기도 배후에 치열하게 일어났던 영적 싸움의 실체에 대한 통찰을 갖게 된다.

예수님도 자신이 십자가를 져야 한다고 예고하자 이를 만류하며 나서는 베드로를 향하여 "사탄아 내 뒤로 물러가라. 네가 하나님의 일을 생각하지 아니하고 도리어 사람의 일을 생각하는도다" 하며 꾸짖으셨다. 이처럼 리더는 주변에서 일어나는 사건 배후의 영적 세력을 분별하는 능력을 갖추어야 한다. 영적 분별력은 악한 세력을 분별하는 것만을 의미하지 않는다. 고난 가운데서도 붙드시는 하나님의 선하신 뜻도 또한 분별의 대상이다.

요한복음 9장에서 제자들은 날 때부터 맹인 된 사람을 보고 예수님께 이것이 이 사람의 죄로 인한 것인지, 부모의 죄로 인한 것인지 묻는다. 그러자 예수님은 놀라운 영적 분별력으로 말씀하신다. "이 사람이나 그 부모의 죄로 인한 것이 아니라 그에게서 하나님이 하시는 일을 나타내고자 하심이라"(요 9:3).

이처럼 리더는 다양한 사역을 통하여 인간적인 분위기만이 아니라 배후 사탄의 영적 분위기를 균형 있게 살필 수 있는 통찰력을 확장해야 한다. 한편으로 배후의 영적 궤계를 파악하여 하나님의 전신 갑주를 입고 이를 대적해야 한다(엡 6:11,13-17). 다른 한편으로는 배후에 있는 하나님의 선한 계획을 신뢰하며 끈질기게 중보기도할 수 있어야 한다.

에베소서 6장은 이 두 가지 차원을 모두 다루고 있다. 바울은 먼저 악한 세력을 분별하여 교회가 전신갑주로 무장하여 악한 영들과 담대히 전투할 것을 격려한다(엡 6:12-17). 동시에 감옥에 갇힌 자신이 이 상황 속에서도 복음의 비밀을 담대히 말할 수 있도록 섭리하신 하나님의 뜻이 이루어지도록 중보기도를 요청한다(엡 6:18-20).

공동체에 대한 영적 분별력

영적 분별력은 개인뿐만 아니라 공동체에 대한 분별력을 포함한다. 이는 공동체가 현재 하나님 앞에 어떤 상태인지, 이런 상태에서 공동체는 어떤 방향으로 나아가야 하는지를 포함한다. 리더에게는 공동체의 과거, 현재를 조망하며 하나님 앞에 어떻게 가야 할지를 분별하는 예리한 통찰이 생긴다. 이는 공동체가 당면하는 사역 정체의 난관을 돌파할 수 있는 다양한 지혜를 제공한다.

이스라엘 백성이 포로에서 돌아와 주변 대적의 방해 공작을 이겨내고 성벽 중건을 완수했을 때 에스라는 이스라엘 공동체에 필요한 것이 다시 하나님의 말씀으로 돌아가는 것임을 깨달았다. 그는 이스라엘의 모든 백성을 수문 앞 광장에 모이게 하여 모세의 율법책을 낭독해준다. 모두가 이 말씀을 듣고 깨닫자 이스라엘 공동체는 울며 회개한다(느 8:9). 자신의 상태가 어떠한지를 깨달은 것이다. 그리고 이들은 회개하고 자복하며 다시 하나님의 말씀 앞에 거룩하게 서서 새로운 공동체의 출발점으로 삼는다(느 8장).

공동체에 대한 영적 분별력은 조직에 대한 통찰력을 포함한다.

모세가 광야에서 이스라엘 백성을 이끌고 있을 때 모든 일이 모세에게 집중되어 모세는 거의 탈진상태에 있었다(출 18:13). 공동체 안에서 문제 해결은 점점 더뎌졌고, 백성들은 불만이 차오르고 있었다. 이스라엘 공동체가 커다란 정체에 직면한 것이다. 이때 모세의 장인 이드로가 이를 보고 효과적인 조직정비를 제안한다. 그것은 하나님을 두려워하고 진실하며 불의한 이익을 미워하는 자를 선별하여 십부장, 오십부장, 백부장, 천부장을 세워 권한을 위임하라는 것이다(출 18:21-22). 이를 통해 이스라엘 공동체는 효율적인 사역구조를 갖추게 되고, 한 단계 더 높이 도약하게 되었다.

예수님도 제자들을 부르실 때 열두 제자를 부르시고 70인 제자를 두셨다(눅 10:1). 전도할 때는 둘씩 짝을 지어 보내셨고, 중요한 사역에는 베드로, 요한, 야고보 세 명의 제자만을 데려가셨다. 예수님은 상황에 적합한 효율적인 사역구조를 구성하셨던 것이다.

초대교회도 폭발적인 성장을 경험하며 사도들의 말씀사역과 일곱 집사의 행정 구제사역을 분리하게 된다. 급성장으로 사도들에게 사역이 집중되자 사도들은 효율적으로 사역을 감당하지 못하고 공동체는 정체되고 불평불만이 차오르고 있었다. 이때 사도들은 성령과 지혜가 충만하여 칭찬받는 사람 일곱을 택하여 사역을 분리하고 이에 하나님의 말씀은 점점 왕성하게 된다. 예루살렘 공동체가 한 단계 더 도약했다.

이처럼 공동체에 대한 영적 분별력은 공동체의 조직에 필요한 영적 자양분을 공급하고, 조직을 효율적으로 정비하여 정체된 공동체를 한 단계 더 도약하도록 한다.

하나님의 인도하심에 대한 통찰력

리더는 예기치 못하게 전개되는 다양한 부정적인 상황 가운데 보이는 것 너머 하나님의 뜻을 구하며 나아가게 된다. 길이 막히거나 불임과 같은 절망적인 상황 속에서 성경의 인물들은 하나님께 나아가 기도하며 그 가운데 숨겨진 하나님의 놀라운 인도하심을 경험한다. 또한 예기치 못했던 섭리적 만남을 통해 하나님의 뜻을 구한다. 이때 말씀검증에서 훈련받았던 중복확인(double confirmation)을 통해 하나님의 뜻을 확증한다. 이를 통해 리더는 말씀과 함께 다양한 통로로 하나님의 뜻을 확인받으며 나아간다.

정체기(plateau)를 돌파하는 영적 분별력

리더 개인과 그가 섬기는 공동체가 정체되었을 때 하나님은 리더에게 자신의 역량과 형편에 대한 분별력을 확대하게 하신다. 이는 크게 세 가지 과정을 통해 일어난다.

첫째, 기도 도전이다. 하나님은 리더로 하여금 리더 개인 혹은 그가 섬기는 공동체가 정체에 직면했을 때 개인 혹은 공동체를 향한 하나님의 뜻을 분별하기 원하신다. 리더는 정체 상태에서 기도의 자리로 부름받고, 이러한 도전에 리더가 올바르게 응답할 때 새로운 돌파구를 열어갈 수 있다. 리더는 어떤 사역으로 부름받을 때 그 사역을 실행하기 전 먼저 그 사역을 위해 기도하도록 부름받았음을 알아야 한다! 기도는 사역으로 부르신 하나님께 집중하는 시간이고, 한창 정신없이 달려가다 멈추어 사역의 정체 구간에 하나님이 찾아오셔서 개입하시도록 요청하는 시간이다. 리더는 사역의 주요 순간 앞에 또는 정체 앞에 기도의 자리로 나아가야 한다. 예수님도 공생애를 사역하기 전 광야에서 금식하며 기도하셨고, 십자가를 지시기 전 변화산에 올라 기도하셨다. 그뿐만이 아니라 사역의 주요한 전환 국면마다 기도하는 모범을 보이셨다.

둘째, 정체성과 사명 확인이다. 리더 개인이나 공동체가 정체에 직면했을 때 이를 섬기던 리더는 탈진하기 쉽다. 하나님은 이때 지친 리더를 붙들고 위로하시며, 하나님이 그를 부르셨음을 재확인시켜주시고, 그가 할 일이 있음을 말씀하신다. 이때 하나님은 리더를 격려하고 용기를 불어넣어주시며, 그의 부르심에 대한 본질적이고 새로운 의미를 제공해주신다.

열왕기상 18장을 보면 엘리야는 갈멜산에서 바알과 아세라 선지자 850명과 홀로 대결하여 거대한 영적 승리를 거둔다. 그 완고하던 아합 왕이 우상 숭배를 회개하고 이스라엘의 혼란스러운 영적 분위기가 바뀌는가 싶었다. 그러나 얼마 지나지 않아 아합의 아내 이세벨이 사람을 보내 엘리야를 살해하겠다고 위협했다. 엘리야는 극심한 무력감과 함께 그동안 해왔던 사역이 수포로 돌아가는 느낌을 받았다.

그는 홀로 이스라엘 최남단 브엘세바 광야로 들어가 어느 로뎀나무 아래 숨는다. 거기서 엘리야는 자기가 해야 할 일을 충분히 다했으니 이제 그만 자기 생명을 거두어 달라고 기도하고는 쓰러져 잠든다. 하나님은 탈진한 엘리야를 붙들어주시고 먹을 것을 주시며 기운을 차리게 하신 후 하나님의 산 호렙으로 부르신다. 그곳에서 하나님은 엘리야에게 나타나셔서 이게 끝이 아니고 아직 그가 해야 할 사명이 있음을 확인시켜주신다(왕상 19:14-16). 이에 엘리야는 다시 용기를 얻어 사역의 정체기를 돌파하여 주어진 사명을 끝까지 잘 감당한다.

셋째, 믿음의 도전이다. 하나님을 향한 믿음을 키우는 것은 리더가 직면해야 할 중요한 도전이다. 하나님의 놀라운 능력이 나타나는 현장은 항상 믿음의 발걸음을 내디뎌야만 하는 모험을 요구한다. 아브라함은 하나님을 신뢰하며 고향, 친척, 아버지의 집을 떠나야 했고(창 12:1-3), 믿음으로 아들을 하나님께 드려야 했다(창 22장). 모세는 믿음으로 손에 든 지팡이를 내밀어 넘실거리는 홍해 바다를 갈라지게 해야 했다(출 14:16). 기드온은 300명의 용사로 450배나 많은 13만 5천 명의 아말렉 군사를 향해 하나님을 신뢰하며 믿음의 도전을 해야 했다(삿 7장). 다윗은 믿음으로 거인 골리앗의 도전 앞에 응전해야 했다(삼상 17장).

이처럼 리더는 상상을 초월하는 눈앞의 거대한 도전 앞에 믿음의 발걸음을 내딛음으로써 하나님의 기적적인 손길을 체험하며 사역을 성취한다. 믿음의 도전은 영향력의 도전을 포함한다. 리더는 정체와 침체의 시기에 자신의 영향력을 확대하도록 하나님의 도전을 받곤 한다. 바울을 보라. 복음을 증거했던 지역에서 핍박으로 쫓겨나자 편지를 통해 지속적으로 영향력을 확대하지 않는가? 이를 통해 리더와 공동체는 정체를 극복하여 더욱 역동적인 사역을 펼치게 된다.

사역 성장의 기간을 어떻게 보낼 것인가

사역 성장의 시기는 커다란 도전의 시기이다. 이 시기를 잘 보내면 보다 성숙한 인격으로 아름다운 열매를 많이 맺지만 그렇지 않을 경우 사역을 내려놓거나 정체 가운데 머물게 된다. 이 시기를 보내는 방식은 크게 세 가지다.

첫째, 사역 역량이 어느 정도 수준에서 정체를 보이고 사역의 성장이 더디다.
둘째, 사역에 풍성한 열매가 없이 정체가 오고 반발을 경험하고 한계를 느끼며 리더는 사역으로부터 물러난다.
셋째, 리더는 사역과 부르심에 대한 본질적인 통찰을 얻고 기도와 말씀, 그리고 믿음으로 이를 돌파한다.

바람직한 것은 세 번째 리더로 성장하는 것이다. 이런 리더는 사역의 본질이 하나님과의 본질적인 관계, 즉 영성 형성에서 오는 것임을 깨닫고, 어떤 사역을 감당하든지 하나님과의 관계와 그분의 뜻에 집중한다. 여기서 거룩한 성품이 형성되고, 사역을 일종의 일로 대하기 이전에 하나님과의 관계에서 파악하는 인격적인 사역으로 발전한다. 이런 사역은 하나님의 성품에 참여하는 사역이 된다.

"이로써 그 보배롭고 지극히 큰 약속을 우리에게 주사 이 약속으로 말미암아 너희가 정욕 때문에 세상에서 썩어질 것을 피하여 신성한 성품에 참여하는 자가 되게 하려 하셨느니라"(벧후 1:4).

4단계 : 리더의 참된 권위는
존재됨에서 흘러나온다

하나님은 리더를 사역으로만 부르지 않으셨다. 하나님은 리더를 성숙한 인격으로 부르셨다. 이는 하나님을 아는 지식과 관계가 깊어지는 것을 의미한다. 또한 리더는 구성원을 이해하고, 그들을 하나님의 마음으로 긍휼히 여기며, 그들과의 관계에 있어서도 성숙해간다. 성령의 열매를 맺어간다(갈 5:22-23).

지혜롭게 열매 맺는 리더

리더는 오랜 시간 사역의 시행착오를 통하여 지혜롭게 열매 맺는 법을 터득한다. 이는 사역의 우선순위를 분별하는 것을 포함한다. 사역의 우선순위란 하나님의 나라를 위한 가치가 정립되어 있음을 의미한다. 성숙한 리더는 자신의 힘과 능력을 동원하는 인위적인 방법 이전에, 그의 나라와 의를 구하며 하나님과의 성숙한 관계에서 사역의 우선순위를 붙들 수 있는 역량이 있다.

리더는 사역의 주권이 자신이 아니라 예수 그리스도께 있음을 말과 행동으로 인정한다. 선한 일을 시작하신 이가 그리스도 예수의 날까지 이루실 줄을 확신하며 나아간다(빌 1:6). 이러한 성숙함은 주변 이들에게 선한 영향력을 끼친다. 구성원들은 리더의 성숙한 행실의 결말을 주의하여 보고 이를 모델로 삼아 본받는다.

고립에 대한 통찰력

리더의 성숙한 인격은 종종 고립의 과정을 통해 빚어지기도 한다. 고립이란 그동안 해왔던 사역에서 분리되어 홀로 있는 과정으로, 때로는 자의로 때로는 어쩔 수 없이 고립되기도 한다. 리더는 이 기간을 통해 하나님과의 관계를 새롭게 정리하고 일상 가운데 배울 수 없었던 새로운 것을 배우게 된다. 고립의 종류는 다음과 같다.[26]

먼저는 사고, 질병과 같은 건강 이상이다. 이때 리더는 자신의 생명과 공동체의 생존이 오직 하나님께만 있음을 고백하며 전적으로 하나님을 바라보고 그의 치유와 회복의 능력을 경험하기도 한다.

둘째, 공동체에서 압박을 경험하며 밀려나는 경우다. 리더는 개인의 성격과 구성원의 주된 정서가 충돌하며 밀려날 때가 있다. 때로는 개인의 경건에 기초한 삶의 방향과 공동체의 방향이 충돌해서 찾아오기도 한다. 이때 리더는 전적으로 하나님의 뜻과 그분의 일하심을 구하게 된다. 또한 이 기간을 통해 자신을 돌아보고, 자신이 집착했던 것을 내려놓고 권위를 절제하며 다른 이의 관점과 소리에 귀 기울이기 시작한다. 그리고 정말 중요한 것이 무엇인지 분별하기 위해 애쓴다. 공동체를 위해 기도한다.

셋째, 투옥이다. 성경에는 사도 바울을 비롯하여 복음을 위해 투옥된 복음의 일꾼들 이야기가 자주 등장한다. 이는 교회사 가운데도 마찬가지였다. 많은 영적 리더가 사역 가운데 원치 않게 투옥되었다. 이 기간에 리더는 고독 가운데 하나님의 뜻에 모든 것을 의탁하는 근본적인 믿음을 재정비한다. 감옥에서 자신이 할 수 있는 일이 많지 않기에 편지나 수난의 모범을 통해 간접적인 영향력을 행사한다. 자신이 감당하던 사역현장을 위해 중보기도하며 하나님께 맡긴다.

넷째, 영적 갱신을 위해 스스로 선택하여 고립되는 기간이다. 리더는 때로 사역의 과중한 짐으로 지쳐갈 때 새 힘을 얻기 위하여 하나님과 단둘이 더욱 가까운 시간을 갖도록 스스로를 고립시킨다. 집중적인 기도시간을 통하여 부르심을 재확인하고 말씀의 인도를 받는다. 깊은 기도를 통하여 영적인 충전의 시간을 갖는다.

다섯째, 배움, 훈련 또는 사역의 전환을 위하여 스스로 선택하여 고립되는 기간이다. 리더는 그동안 감당했던 사역에 부족함과 한계를 절감하며 새로운 도약을 위해 자신을 사역현장에서 고립시킨다.

사역에 필요한 새로운 훈련, 하나님을 아는 지식에 대한 보다 깊은 배움의 시간을 갖는다. 리더는 사역에 대한 새로운 아이디어를 얻고 사역의 새로운 전환국면을 돌파하며 사역의 장기적 안목을 키우기 위하여 고립을 택한다.

사도 바울은 사역 가운데 극심한 고립을 종종 경험했다. 여기서 그의 고백을 들어보자.

"형제들아 우리가 아시아에서 당한 환난을 너희가 모르기를 원하지 아니하노니 힘에 겹도록 심한 고난을 당하여 살 소망까지 끊어지고 우리는 우리 자신이 사형 선고를 받은 줄 알았으니 이는 우리로 자기를 의지하지 말고 오직 죽은 자를 다시 살리시는 하나님만 의지하게 하심이라. 그가 이같이 큰 사망에서 우리를 건지셨고 또 건지실 것이며 이후에도 건지시기를 그에게 바라노라. 너희도 우리를 위하여 간구함으로 도우라. 이는 우리가 많은 사람의 기도로 얻은 은사로 말미암아 많은 사람이 우리를 위하여 감사하게 하려 함이라"(고후 1:8-11).

"우리가 이 보배를 질그릇에 가졌으니 이는 심히 큰 능력은 하나님께 있고 우리에게 있지 아니함을 알게 하려 함이라. 우리가 사방으로 우겨쌈을 당하여도 싸이지 아니하며 답답한 일을 당하여도 낙심하지 아니하며 박해를 받아도 버린 바 되지 아니하며 거꾸러뜨림을 당하여도 망하지 아니하고 우리가 항상 예수의 죽음을 몸에 짊어짐은 예수의 생명이 또한 우리 몸에 나타나게 하려 함이라. 우리 살아 있는 자가 항상 예수를 위하여 죽음에 넘겨짐은 예수의 생명이 또한 우리 죽을 육체에 나타나게 하려 함이라. 그런즉 사망은 우리 안에서 역사하고 생명은 너희 안에서 역사하느니라"(고후 4:7-12).

이러한 고백을 음미하다 보면 사도 바울이 여러 상황 속에 고립을 경험하며, 하나님과의 관계가 더욱 깊어지고, 더욱 기도하게 되어, 모든 상황에 하나님의 주권을 더욱 또렷이 인식하며 성숙해감을 볼 수 있다.

요컨대 고립의 시기는 리더의 인격을 성숙하게 하고 더욱 하나님을 바라보게 하는 소중한 기회가 된다. 이 기간을 통해 다듬어진 리더의 인격에는 성숙한 존재됨에서 나오는 성숙한 권위를 갖는다.

5단계 : 강점을 알고
열매를 맺는 리더

　교육전도사와 부교역자 시절, 주일 저녁사역을 마치면 담임목사님이 오셔서 목회 전반에 대한 설명과 함께 중요한 목회철학에 대해 설명해주시곤 했다. 이때 들었던 이야기들은 다양한 목회현장의 상황에서 어떤 목회적 원칙을 적용해야 하는가에 관한 것이었다. 이때 듣고 배웠던 것들은 지금도 목회현장에서 비슷한 상황을 겪으며 또렷이 기억나는 경우가 많다. 그리고 이러한 것들이 지금 나의 목회와 사역철학을 형성하는 데 중요한 뼈대가 되었다.

　사역철학은 혼란을 야기하는 다양한 상황 가운데 방향을 결정하고 흔들림 없이 나아가게 하는 나침반과 같은 역할을 한다. 사역철학이 없는 경우 단호하게 결정을 내리지 못하고 상황에 따라 우유부단하게 결정하였다가 나중에 더 큰 혼란과 어려움을 초래하는 경우

Part 2. 하나님은 수줍은 리더를 어떻게 세워 가시는가? | 129

가 잦다.

단계 5에 이르러 리더는 그동안 배우고 적용하며 경험했던 다양한 사역들을 통하여 일종의 사역원칙과 철학을 내면에 수렴한다. 그러면 웬만한 요동에도 흔들림 없이 견고한 리더로 서서 꾸준하게 열매를 맺는다. 왜? 열매 맺는 원리를 알기 때문이다. 원칙을 따라 사역하기에 큰 기복 없이 꾸준하고 신뢰할 만하다.

리더는 다음과 같은 영역에서 사역철학을 형성한다.

1. 비전과 동기부여
2. 리더의 영성 형성과 성령 충만
3. 리더의 성실성과 자기계발
4. 리더 선발과 훈련
5. 결정을 내리는 과정과 방식
6. 위기 해결
7. 일상적인 사역에서의 사역 원리와 문제 해결
8. 리더의 희생과 모범
9. 권위와 순종에 대한 문제
10. 권위자, 동료, 팔로워들과의 건강한 관계

사역 영역은 각자의 처한 상황에서 다양할 수 있다. 나는 위의 영역들 가운데 나름대로의 사역철학을 형성하였는가? 이 단계에 있는 리더는 다양한 경험을 통하여 얻은 건강한 사역철학을 잠재적인 리더들에게도 알려주고, 이를 그들의 현장에 적용하도록 돕는다. 자신뿐만 아니라 주변의 팔로워들도 열매 맺는 리더로 성장해 가도록 한다. 단계 5의 리더는 사역의 지혜와 명철을 얻은 복이 있는 자다. "지혜를 얻은 자와 명철을 얻은 자는 복이 있나니"(잠 3:13).

6단계 : 선한 영향력이 지속적으로 흘러가려면

이 단계를 후광(afterglow) 단계라고 한다. 후광은 흔히 성화에서 성인을 묘사할 때 뒤에 그리는 원형의 광채, 일종의 아우라(aura)를 말한다. 이는 리더의 영향력을 빗대는 말이다. 이는 리더가 은퇴후에도 지속적으로 선한 영향력을 끼치는 것을 의미한다. 후광 단계에 이르려면 크게 두 가지 조건이 필요하다.

첫째, 아름다운 끝맺음을 해야 한다. 모든 리더가 마무리를 잘하는 것은 아니다. 리더의 사명을 감당하다 중간에 탈락하는 이도 있고 정체된 채로 흐지부지 끝나는 경우도 많다. 마무리를 앞두고 문제가 일어나는 경우도 많다. 재정적인 비리가 터지기도 하고 성적스캔들이 터져 나오기도 한다. 구성원의 불만과 불신이 팽배해 리더십의 레임덕(Lame Duck) 현상을 맞기도 하며 은퇴 문제로 마지막의 마무리가 진흙탕 싸움으로 끝나는 경우도 있다.

아름다운 끝맺음의 중요한 두 가지 조건이 있다. 하나는 건강한 사역철학이 있어야 한다. 사역자를 끝까지 지켜주는 것은 건강한 사역 철학이다. 또 다른 하나는 사역철학을 지속적으로 실천하는 집요한 신실함이 있어야 한다. 사역철학은 당장에는 큰 효과가 나타나지 않을 수 있지만 오랜 기간 지속적으로 실천할 때 점점 더 큰 효과를 얻는다. 아름다운 마무리를 하려면 리더가 지속적으로 성장하며 좋은 열매를 맺어가야 한다.

둘째, 끝맺음 이후에도 영향력이 지속적으로 주변에 퍼져 나가야 한다. 주변에 그의 인격을 흠모하고 존경하며 따르는 이들이 생기고 그의 영향력을 받기를 원하는 이들이 생겨난다. 이때 후광 단계의 리더가 해야 할 중요한 일이 있다. 그것은 차세대 리더를 발굴하고 육성하는 일이다. 이는 후광 단계의 리더가 전면에 나서서 해야 할 일이라기보다 하나님이 선별하고 기르시는 과정을 살피며 잠재적인 리더를 자극하고, 선한 영향력을 흘려보내며 리더십을 발휘할 수 있는 크고 작은 기회를 제공하는 것을 의미한다. 후광 단계의 리더는 지속적으로 차세대 리더들 가운데 일하시는 하나님의 일하심을 감지하며 그분의 일하심에 따라 다음세대의 리더들을 돕고 자극하며 격려하며 시야를 확대해주어야 한다.

잠재력 있는 다음세대의 리더들이 갖는 특징이 있다.

– 하나, 성실하다. 변함없이 신실하다.

– 둘, 존경하는 리더의 기대와 격려에 부응하여 성장하는 경
  향이 있다.
– 셋, 겸손히 적극적으로 배우려 한다.

단계 6의 리더는 이러한 특징을 갖는 다음세대의 리더들을 적극적으로 발굴, 육성해야 한다. 후광 단계의 리더로 성장하기까지 리더의 가슴에 간직해야 할 말씀이 있다.

"하나님의 말씀을 너희에게 일러주고 너희를 인도하던 자들을 생각하며 그들의 행실의 결말을 주의하여 보고 그들의 믿음을 본받으라. 예수 그리스도는 어제나 오늘이나 영원토록 동일하시니라"(히 13:7-8).

리더는 전 생애를 통하여 성장한다. 그리고 끝까지 성장하고 좋은 열매를 맺으며 아름다운 마무리를 해야 한다. 구성원들에게 좋은 믿음의 본이 되어야 한다. 이것이 퍼스트 팔로워로 부름받은 모든 리더의 도전이다. 나는 이 도전에 기꺼이 응할 수 있겠는가?

[Part 2. 각주]

23) Robert J. Clinton, *Leadership Emergence Theory*, Altadena, CA: Barnabas, Publishers, 1989; 이 논문의 내용을 풀어쓴 것이 로버트 클린턴, 이순정 역, 「영적 지도자 만들기」(개정판)(서울: 베다니, 2008).

24) 로마서에 울리는 구약성경의 반향에 대해서는 양형주, 「평신도를 위한 쉬운 로마서」(개정증보판)(서울: 브니엘, 2019)을 참조하라.

25) 양형주, 「바이블 백신 1」(서울: 홍성사, 2019), 75쪽.

26) 로버트 클린턴, 「영적 지도자 만들기」(개정판), 172–173쪽.

1. 나의 리더십은 어느 단계에 와 있는가? 리더로서 나의 강점과 약점은 각각

   무엇일까?

2. 리더십의 단계 가운데 가장 인상적이고 도전이 되는 부분은 무엇인가? 그

   이유는?

3. 지도자에 대한 반발이 있을 때 리더로서, 혹은 팔로워로서 어떻게 행동하

   는 것이 지혜로울까?

4. 최근 내가 겪은 사역 갈등은 없는가? 갈등의 충돌을 지혜롭게 해결하려면
   어떻게 해야 할까?

5. 후광 단계에 이르기까지 내게 정말 필요한 변화는 무엇인가?

수줍은 리더,
신실함과
지혜가 관건이다

"충성되고 지혜 있는 종이 되어 주인에게
그 집 사람들을 맡아 때를 따라
양식을 나눠 줄 자가 누구냐" (마 24:45).

리더는 그리스도를 뒤에서 바짝 쫓아가는 팔로워(follower)다. 성경에서는 이를 또 다른 표현으로 '종'(servant)이라고 한다. 우리에게는 생소하지만 성경이 기록된 구약과 신약시대에 종은 익숙한 존재였다. 종은 주인을 섬기고 주인의 집을 관리하며 때를 따라 양식을 생산, 확보하고 관리하는 역할을 감당했다.

요셉을 보라. 그는 하나님의 기이하고 신비로운 섭리 아래 애굽의 시위대장 보디발의 종이 되어 가정의 살림을 총괄하는 신실하고 지혜로운 종으로 활약한 바 있다. 후에 그는 애굽 온 제국의 살림을 총괄하는 지혜로운 종으로 활약하며 온 세상을 기근 가운데서 구원했다.

모세는 어떤가? 히브리서 기자는 모세가 "하나님의 온 집에서 종으로서 신실하였다"(히 3:5)고 말씀한다. 그는 하나님의 집 살림을 도맡았던 종이였다. 하나님의 집 살림을 운영하는 것을 '경륜'(헬. 오이코노미아)이라 한다. '경륜'은 집(헬. 오이코스)과 경영(헬. 이코 노미아)이 결합된 단어로 온 세상 가운데 하나님의 구원역사를 이루 어가는 것을 의미한다.[27] 예수 그리스도는 하나님의 집을 맡은 아들 로서 그의 경륜을 이루어가기 위해 우리를 일꾼이자 종으로 부르신 다(히 3:6).

그렇다면 우리에게 주어지는 도전은 과연 어떤 종이 될 것인가 하는 것이다. 성경은 '충성되고' '지혜 있는' 종이 될 것을 요청한다. "충성되고 지혜 있는 종이 되어 주인에게 그 집 사람들을 맡아 때를 따라 양식을 나눠줄 자가 누구냐"(마 24:45). 충성되고 지혜 있는 종 으로 준비되기 위하여 크게 3가지를 점검하고 준비해야 한다.

첫째, 충성의 문제다. 성경은 그리스도를 따르는 이들에게 충성 된 종이 될 것을 요구하고 충성의 가치를 매우 높이 여긴다. 충성된 일꾼이란 구체적으로 어떤 일꾼을 말하는 것일까?

둘째, 지혜의 문제다. 여기서 지혜란 시간과 자원을 효율적으로 배분하는 것을 의미한다. 종은 하나님의 집을 경영하며 시간과 자원 을 효율적으로 배분할 수 있어야 한다.

셋째, 집안에 대한 이해다. 종은 사람들을 맡아 때를 따라 양식 을 나누어주어야 한다. 그러려면 집의 구조와 작동하는 원리를 이해 해야 한다. 이 세 부분을 구체적으로 살펴보도록 하자.

충성의 문제
: 신실함이 관건이다

성경이 말하는 충성

　충성(忠誠)이란 사전적 의미로 '참 마음에서 우러나는 정성'을 말한다.[28] 충성은 대상이 중요하다. 충성스러운 마음은 그 대상이 자신을 종으로 부르신 주인에게 온전히 향해야 한다. 충성을 위해서 종은 자기중심성을 극복하고 주인 중심성을 키워야 한다. 하지만 오늘날은 자기를 끔찍이도 사랑하는 시대이고 온통 나에게 집중하는 '미 제너레이션'(Me Generation)의 시대다. 온통 자기에게만 집중하다 보니 타인을 이해하고 공감하는 정도가 현저히 떨어진다. 그렇다 보니 타인에 대한 책임감보다는 내 책임이 아님을 강변하며 타인에게 탓을 돌리기에 바쁘다. 그래서 이런 세대를 '낫 미 제너레이션'(Not Me Generation)이라고도 한다. 책임감을 갖고 충성하면 바보라 여기고 할 수 있는 한 내게 힘들고 귀찮은 것은 기피하려고 한다.

하지만 성경은 충성된 일꾼의 중요성을 강조한다. 잠언 25장 13절은 "충성된 사자는 그를 보낸 이에게 마치 추수하는 날에 얼음냉수 같아서 능히 그 주인의 마음을 시원하게 하느니라"고 말씀한다. 추수하는 날은 누렇게 익은 곡식을 온종일 낮으로 베어 거두는 날이다. 뜨거운 팔레스타인의 땡볕 아래 땀을 뻘뻘 흘릴 때 마시는 시원한 얼음냉수는 얼마나 반갑고 소중한가? 얼음냉수는 추수로 달아오른 몸의 열기를 식혀주며 기운을 북돋아준다. 마찬가지로 충성된 일꾼은 공동체에 얼마나 반갑고 소중한지 모른다. 그런 일꾼은 공동체의 기운을 북돋아주고 공동체의 과업을 끝까지 감당하도록 한다. 이런 충성된 일꾼을 찾기가 쉽지 않다. 그래서 충성된 일꾼은 정말로 소중하다. 하나님은 이런 일꾼을 찾으신다.

"내 눈이 이 땅의 충성된 자를 살펴 나와 함께 살게 하리니…"
(시 101:6).

하나님의 시선은 온 땅을 두루 살피며 하나님께 참 마음으로 정성을 다하는 충성된 자를 찾으신다. 하지만 온통 자기중심성으로 가득한 이 세대에서 충성된 자를 찾는 것이 쉽지 않다.

"많은 사람이 각기 자기의 인자함을 자랑하나니 충성된 자를
누가 만날 수 있으랴"(잠 20:6).

이런 충성된 일꾼의 특징이 있다.

첫째, 비교하지 않는다. 마태복음 24장 45절은 충성된 종이 '작
은 일에 충성'하였음을 강조한다. 충성된 종에게는 큰일, 작은 일이
중요하지 않다. 자기에게 맡겨진 일이 얼마나 크고 중요한지, 아니
면 얼마나 작고 하찮은지를 다른 이와 비교하지 않는다. 종에게는
오직 주인이 내게 맡긴 일인가 아닌가가 중요하다. 주인이 맡기신
일이면 크든 작든 상관없이 중요하게 여기고 온 마음을 다하여 충성
한다.

둘째, 떼어먹지 않는다. 디도서 2장 10절은 종에게 "떼어먹지 말
고 오직 선한 충성을 다하게 하라"(개역한글)고 말씀한다. 떼어먹는
것은 자신의 사욕을 챙기는 행위다. 충성된 일꾼은 주인이 맡기신
일이 내게 얼마나 유익한지 아닌지를 따지지 않는다. 충성된 일꾼은
주인이 맡기신 일이 주인의 기쁨과 만족이 되는 것으로 충분하다.

셋째, 환난을 이겨낸다. 충성된 일꾼이 주인이 맡기신 일을 감당
하다 보면 환난과 시험을 받을 때가 있다. 그러나 성경은 이런 고난
을 두려워하지 말고 "죽도록 충성하라"(계 2:10)고 말씀한다.

넷째, 충성된 일꾼은 자기중심성을 극복한다. 누가복음 16장 12
절은 "너희가 만일 남의 것에 충성하지 아니하면 누가 너희의 것을
너희에게 주겠느냐"고 말씀한다. 충성된 일꾼은 내게 돌아오는 유익

을 계산하지 않는다. 기꺼이 주인의 기쁨을 위하여 적극 충성한다.

불충을 주의하라

충성된 일꾼과 반대로 불충한 일꾼이 있다. 사람이 하루아침에 불충하게 되는 것이 아니다. 불충은 일정한 단계를 지난다. 그러나 많은 이가 자신이 불충스러워간다는 사실을 인식하지 못한다. 그렇다면 불충의 특징은 어떻게 나타날까?[29]

첫째, 독립적 성향이다.

충성된 일꾼은 주인의 방향과 다르게 나름대로 독자적인 방향을 추구한다. 그럴 것이면 따로 독립하면 될 텐데 그렇게 하지도 않는다. 불충한 일꾼은 조직을 떠나지 않은 채 자신이 원하는 대로 행동하고, 자기 뜻을 주인의 뜻보다 앞세우며 이것을 전체의 뜻으로 확대하려 한다.

다윗의 오른팔과 같았던 요압 장군을 보라. 그는 다윗 곁에서 가장 충성스럽고 용맹스러운 장수였다. 그러나 시간이 지나면서 다윗의 뜻을 무시하고 자기 뜻대로 행동하기 시작한다. 다윗이 아직 남유다의 왕이었을 때 사울 집안의 군대장관 아브넬이 다윗을 찾아왔다. 아브넬은 다윗이 이스라엘을 다스릴 수 있도록 돕겠다고 언약을 맺은 후 돌아가고 있었다. 이때 요압은 다윗을 찾아가 유다를 정탐하러 온 아브넬을 그렇게 보내면 그에게 속는 것이라고 격렬히 항의한 후 왕궁을 빠져나온다. 그리고는 부하를 급히 보내 그를 감언이설로 설득해 다시 유다 지경 헤브론으로 돌아오게 하고 조용히 다가가 배를 찔러 암살한다(삼하 3:26-27). 요압이 이렇게 극단적인 행동을 저지른 것은 다윗을 위해서가 아니다. 바로 아브넬이 자기 동생 아사헬을 전쟁터에서 죽인 것에 대한 개인적인 복수를 위해서다(삼하 2:18-23 참조). 결국 요압의 사사로운 복수는 다윗의 국정운영에 부담을 준다.

그뿐만이 아니다. 그는 다윗의 아들 압살롬을 죽이는 데까지 나아간다. 다윗은 압살롬의 반란을 제압하기 위해 요압을 비롯한 부하 장수들을 보내며 부탁한 바 있다. "나를 위하여 젊은 압살롬을 너그러이 대우하라"(삼하 18:5). 전쟁 중 압살롬이 상수리나무에 매달리자 다른 군사들은 압살롬을 해하지 말라는 다윗의 명령을 기억하고 손대지 않고 있었다(삼하 18:12). 그러나 요압은 압살롬의 사실을 전해 듣자마자 지체하지 않고 창을 들고 나아가 압살롬의 심장을 찔렀다(삼하 18:14).

그리고는 압살롬의 죽음을 알게 된 다윗이 통곡하자 다윗에게 나아가 이렇게 하면 우리는 뭐가 되냐며 우리를 부끄럽게 하지 말고 거세게 항의했다(삼하 19:5-6). 요압은 다윗이 죽을 때까지 불충한 종으로 그의 곁에 있었다. 그리고 다윗이 왕위를 물려줄 때 다윗이 지지하는 솔로몬이 아닌 아도니야 편에 섰다. 끝에 이르러 불충의 편에 노골적으로 선 것이다. 요압은 암세포와 같았다. 평생 정상적인 세포에 붙어 있었지만 다윗이 왕권을 솔로몬에게 넘기기 직전 암세포와 같이 세포분열을 하여 다윗 왕가 전체에 커다란 부정적인 영향력을 주려하였다.

다윗은 죽기 전 솔로몬에게 이런 요압에 대하여 그가 평안히 여생을 마치지 못하도록 하라고 유언했다(왕상 2:6). 요압은 다윗이 죽기까지 늘 그 곁에 있었지만 불충의 태도를 키우다 불충한 신하로 불명예스러운 결말을 맞이한다. 다윗 왕이 죽을 때가 가까이 오자 왕의 뜻과 상관없이 독자적인 방향을 설정하여 밀고 나갔다. 솔로몬을 세우려는 다윗의 뜻을 완전히 거스르고 자신이 지지하는 아도니야를 왕으로 세우려 한 것이다. 결국 그는 비참하게 죽고 만다(왕상 2:28-34).

둘째, 공격적 성향이다.

불충스러운 일꾼은 주인의 입장이 아니라 자신의 입장에서 못마땅한 이에게 적의를 품는다. 그리고 이런 이들을 조용히 지속해서 괴롭히든지 아니면 어느 정도 일정한 거리에서 노리고 있다가 어느 순간 감당하지 못할 커다란 정신적, 재정적, 사회적 타격을 입혀 쓰러뜨린다. 다윗의 아들 압살롬을 아는가? 그는 다윗의 뜻을 거슬러 자신의 친누이 다말을 욕보인 암논을 2년 동안 조용히 노리다 일거에 살해하고 도주한 바 있다(삼하 13장).

셋째, 수동적 성향이다.

이들은 주인의 뜻을 적극적으로 감당하기보다 팔짱을 끼고 주인이나 다른 이들이 하는 것을 멀리서 구경만 한다. 방관자로 전락하는 것이다. 마치 탕자의 비유에 나오는 첫째 아들과 같다. 집 나간 아들이 돌아올 때 뛰어나가 기쁨으로 맞이하는 아버지를 첫째 아들은 멀리서 구경만 하다 아버지에게 문제를 제기한다(눅 15:20-32).

넷째, 비판적 성향이다.

불충스러운 일꾼은 수동적 성향으로 머물지만 않는다. 어느 순간부터 비판적으로 변한다. 이런 이들은 주인과 그의 충성스러운 일꾼들이 행하는 것에 대하여 못마땅한 점을 찾아내 이를 확대, 재생산한다. 험담하고 음모론적 소문을 퍼뜨린다.

다섯째, 독자적 정치 성향을 갖는다.

주인을 향하는 주변 사람의 마음을 훔쳐 자신에게 집중하게 한다. 압살롬이 암논을 살해한 후 아버지 다윗의 관용으로 다시 돌아왔을 때였다. 그는 성문 길 곁에서 다윗 왕에게 재판을 요청하러 가는 사람들을 붙들어 대신 해결해주며 사람들의 마음을 훔쳤다(삼하 15:6). 압살롬은 백성의 마음을 훔쳐 결국 쿠데타의 기반으로 삼는다.

여섯째, 속인다.

불충스러운 일꾼은 자신의 유익을 위해 주인 앞에 눈가림하며 속이고, 주변 사람의 마음을 사기 위해 속이며, 험담하기 위해 속인다.

일곱째, 교만해진다.

불충한 사람은 자기 자신이 중심이기에 갈수록 리더를 우습게 여긴다. 리더의 말을 하찮게 여기고 문제를 제기한다.

여덟째, 스스로 속인다.

불충한 사람은 현재 자신의 위치와 성과에 속는다. 현재 자신이 이룬 것이 신비로운 하나님의 손길과 그 손길이 함께하는 리더와 공동체의 지원으로 가능한 것으로 생각하지 않는다. 자신의 힘과 능력으로 이룬 것으로 착각한다. 그리고 자신의 능력으로 리더의 손길이 미치지 않는 독자적인 자신만의 성을 쌓으려 한다.

충성의 문화를 키우라

공동체 안에 건강한 충성의 문화가 필요하다. 맹목적인 충성이 아닌 하나님의 나라를 함께 이루어가기 위한 건강한 권위에 기반한 충성을 격려하는 문화가 있어야 한다. 그렇다면 충성의 문화를 위해 어떤 실질적인 실행이 필요할까?

첫째, 충성의 문화를 교육하는 것이다. 다른 신앙공동체에서 신앙생활을 했던 이들이라 하더라도 함께 건강한 충성의 문화를 이루어가도록 초대하고 반복적으로 교육하고 훈련할 필요가 있다.

둘째, 굳은 표정이다. 험담과 비판, 냉소적인 표정 앞에 우리는 표정을 굳게 해야 한다. 공동체와 리더에 불만을 품은 누군가가 은근히 다가와 우리의 마음을 자극하며 마음을 훔치려 하는가? 표정을 굳게 하라.

셋째, 충성되고 의욕적인 이들을 격려하고 세우라.

넷째, 정기적으로 사역의 자리를 옮겨 다양한 사역의 기회를 부여한다. 새롭게 관계를 개척하는 연습을 하도록 한다. 이는 한 곳에서 자신에게 익숙한 이들로 자신만의 독자적인 성을 쌓지 않도록 하기 위함이다.

1. 주님과 주님의 몸된 교회를 향한 나의 충성도를 점검하자. 100점 만점이라고 할 때 나의 충성도는 얼마나 될까? 충성도를 높이기 위해 내게 필요한 변화와 도전은 무엇인가?

2. 불충의 유혹이 일어나는 때는 언제인가? 어떻게 극복할 수 있을까?

3. 공동체 안에 충성의 문화를 만들어가려면 어떻게 해야 할까?

지혜의 문제 : 자원을 어떻게 효율적으로 배분할 것인가

충성되고 지혜 있는 종의 특징은 집안의 자원을 효율적으로 관리하여 때를 따라 양식을 적절하게 나누어준다. 따라서 지혜 있는 종은 자신에게 맡겨진 일의 우선순위를 분별하고 효과적으로 자원을 배분한다. 이는 종에게 주어진 시간과 기회를 지혜롭게 사용하는 것과 밀접한 관련이 있다.

긴급한 것 Vs. 소중한 것

리더에게는 늘 긴급한 일과 중요한 일 사이의 긴장이 있다. 긴급하다 보니 곧바로 처리해야 하고, 쫓기다 보니 정말 중요한 일을 놓치게 된다. 너무 바쁘다 보니 기도하고 말씀 볼 시간이 없다. 리더는 늘 긴급함의 요청 가운데도 중요한 자원을 확보하여 꼭 필요한 때에 자원을 나눌 수 있어야 한다.

요셉을 보라. 그는 애굽에 7년간 풍년이 왔을 때 자원을 방만하게 사용하지 않고 아끼고 비축해두어 흉년 7년을 대비했다. 양식이 풍성할 때 재정을 방만하게 사용할 수 있는 유혹은 얼마든지 있었을 것이다. 그러나 요셉은 이때야말로 다가올 7년의 흉년을 대비할 절호의 기회로 보았다.

긴급한 일 Vs. 긴급하지 않은 일

청지기 리더는 긴급한 일과 긴급하지 않은 일을 분별해야 한다. 우리는 흔히 긴급하면 중요하다고 착각한다. 그러나 긴급한 일 가운데 의외로 중요하지 않은 일이 많다. 극장에서 영화를 보는데 갑자기 핸드폰벨 소리가 울린다. 그런데 어떤 사람이 그 와중에 전화를 다급하게 받고 모두가 들릴 만한 소리로 "여보세요" 하고 응답하고는 다급하게 "잠깐만요" 하며 다른 관람객들 발을 마구 밟고 극장 밖으로 나간다. 그런데 핸드폰 너머로 들리는 소리는 "안녕하세요, 고객님. 핸드폰 바꾸실 때 되었죠?"라는 응답이다. 받지 않아도 되는 전화를 지금 핸드폰이 울린다고 다급하게 받다가 영화도 놓치고 다른 관객들에게 피해까지 준다.

한 가지 물어야 할 질문이 있다. 이 사람은 왜 핸드폰을 무음이나 진동으로 해놓지 않고 소리로 울리게 해두었을까? 극장에 들어

갈 때 지금 당장 영화 본다는 생각만 했지 사전에 핸드폰벨 신호를 차단할 여유가 없었다. 당장 영화 볼 생각에 긴급하게 영화관에 들어갔지, 정말 중요한 조치를 사전에 해두지 않았던 것이다.

우리는 핸드폰과 SNS 등을 통해 매 순간 다급하게 우리의 주의를 끌어당기는 신호를 수시로 접한다. 이런 신호에 휩쓸리다 보면 긴급한 요청에 반응하다 정작 중요한 것을 놓치기 쉽다. 자칫하면 무엇인가 끊임없이 나를 바쁘게 만드는 상태가 되어야 안심할 수 있다. 긴급성 중독에 빠지는 것이다. 우리는 수시로 다가오는 긴급한 요청에 모두 응답할 것이 아니라 지혜롭게 거절하는 방법을 익힐 필요가 있다.

긴급한 일은 우리의 인생을 세워가기보다 소모하는 경우가 잦다. 지금 당장 보고 싶은 TV프로그램, 지금 당장 먹고 싶은 음식, 지금 당장 만나자는 친구 등 꼭 필요하지 않지만 당장에 나의 만족을 위해 나를 불러 내 시간을 요구하는 일이 많다. 이처럼 긴급한 일이 우리를 수시로 부를 때 과연 이것이 우리 인생에 꼭 필요한 일인지, 정말 중요한 일인지 아닌지를 분별해야 한다.

소중한 일 Vs. 소중하지 않은 일

지혜로운 청지기는 긴급한 일에 쫓겨 다니지 않고 정말 소중한 일이 무엇인지를 분별하여 움직인다. 소중한 일을 분별하려면 어떤 지혜가 필요할까?

첫째, 소중한 일은 잘만 수행하면 우리 인생을 바꾸고 위기를 넉

넉하게 견뎌낼 수 있게 하는 커다란 힘이자 전환의 계기가 된다. 전에 청년들에게 "이것 하나만 준비되면 나의 미래를 준비하는 데 큰 무기가 될 수 있겠다면 무엇을 준비하겠느냐?"고 물어본 적이 있다. 이들의 대답은 어학 실력, 독서, 기술 습득과 자격증 등 다양했다. 이런 것들은 하나라도 제대로만 준비하면 인생에 커다란 도약을 이루는 디딤돌이 되는 것들이다. 하지만 이런 디딤돌은 단기간에 마련할 수 있는 것들이 아니다. 오랜 시간 정기적으로 일정한 시간을 꾸준히 확보해서 투자해야만 성취할 수 있는 것들이다.

둘째, 소중한 일의 상당 부분은 긴급성을 그다지 요구하지 않는다. 도리어 오랜 시간 여유 있게, 꾸준히, 성실하게 수행해야 하는 활동이다. 생각해보라. 내 인생에 간절히 원하는 변화가 있다면 그것은 어느 정도의 시간과 변화를 요구할까? 하나같이 많은 시간을 요구한다. 몸짱이 되고 싶은가? 온종일 운동한다고 갑자기 근육이 생기지 않는다. 외국어 하나 만이라도 잘하면 좋겠다고 생각하지만 외국어 하나를 잘하는 것은 결코 단시간에 이루어지지 않는다. 좋은 인간관계를 맺고 싶은가? 그러려면 상당한 시간 동안 서로에게 신뢰와 호의를 베풀며 관계를 가꾸어야 한다. 이러한 활동은 흥미를 잃지 않고 지속적으로 준비해야 가능한 일들이다.

셋째, 소중한 일은 때로 긴급성을 요구한다. 당장 다음 주에 있는 중간고사, 내일까지 제출해야 하는 레포트 등이다. 이런 활동은 중요성과 긴급성을 동시에 갖는다. 기억할 것은 이런 활동의 긴급성은 대부분 예고 없는 긴급성이 아닌 예측 가능한 긴급성이라는 점이다. 활동의 중요성으로 인해 대부분 마감 시한을 사전에 공지하여 알리고 충분히 준비할 시간을 갖도록 한다. 긴급성을 요구하는 중요한 일은 절대 나중으로 미루어선 안 된다. 일정한 시간 배치를 꾸준히 하고 이 시간을 통해 성실히 준비하여 마감 시한에 쫓기지 말고 사전에 여유 있게 마무리해야 한다.

소중한 일은 대부분 당장에 긴급하게 해야 할 일이 아닌 경우가 많기에 우리는 소중함을 앎에도 불구하고 늘 뒤로 미룬다. 그래서 소중한 일이 늘 우선순위에서 뒤로 밀려나고 대신 긴급한 일로 채워진다. 관건은 우리에게 주어진 시간 중에 소중한 활동을 할 수 있는 시간을 얼마나 많이 확보하고 동시에 긴급한 일을 줄여갈 수 있는가 하는 점이다. 그렇다면 우리는 소중한 일과 소중하지 않은 일, 그리고 긴급한 일과 긴급하지 않은 일 사이에 어떤 긴장과 역동이 있는지 이해할 필요가 있다. 이것을 잘 이해하고 조절하는 것이 청지기의 지혜이다.

긴급성과 중요성 간의 역동을 이해하라.

청지기 활동의 긴급성과 중요성은 그 유무에 따라 크게 네 가지로 나눌 수 있다. 긴급하고 중요한 일, 긴급하지만 중요하지 않은 일, 긴급하지 않지만 중요한 일, 긴급하지 않고 중요하지도 않은 일 등이다. 이와 관련해서는 뒤쪽의 〈도표 1〉를 참조하라.[30]

지혜로운 청지기는 제2상한 활동의 중요성을 알고 있기에 가능한 제2상한의 활동을 위한 시간을 많이 확보하려 한다. 그러나 보통

구분	긴급한 일	긴급하지 않은 일
중요한 일	**＊ 제1상한** 위기 다급한 문제 마감에 쫓기는 프로젝트 회의 준비 시험, 과제	**＊ 제2상한** 준비, 예방, 독서, 운동 가치규명 계획 인간관계 구축 임파워먼트(위임) 연구, 계발
중요하지 않은 일	**＊ 제3상한** 불시 방문, 불시 전화, 채팅, 톡 우편물, 이메일, 보고서 일부 회의 눈앞의 다급한 일들 인기 있는 활동들	**＊ 제4상한** 하찮은 일 바쁘게만 만들고 성과가 없는 일 웹 서핑, 가격 비교 사이트 시간 낭비 거리, 일부 전화 지나친 TV, Youtube, Nexflix 시청 과도한 SNS 활동

사람은 제1상한 활동에 쫓겨 살게 된다. 우리가 학교에 다닐 때는 대부분 제1상한의 활동을 중심으로 살았다. 제1상한의 활동이란 긴급하게 꼭 해야만 하는 활동, 즉 과제, 시험 위주의 활동을 말한다. 내일까지 과제를 해야 하니 오늘 밤을 새우더라도 완료해서 제출해야 한다. 다음 주에 시험이 있으니 이번 주에는 잠을 줄이고 어떻게든 더 좋은 점수를 받기 위해 최선을 다해 벼락치기로 몰아서라도 공부해야 한다.

제1상한의 활동은 그 중요성과 시급성으로 인해 많은 긴장과 집중을 요구한다. 하지만 언제까지나 계속 긴장과 집중을 유지할 수 없다. 이런 활동이 지나가면 우리 몸과 마음은 이완과 휴식을 필요로 한다. 그래서 우리는 제1상한의 집중적인 활동 후에 제4상한의 활동으로 도피한다. 긴급하지도, 중요하지도 않은 활동에 빠져드는 것이다. 휴식을 취하며 TV를 보고, 게임을 하고, SNS에 빠져든다. 문제는 제4상한의 활동은 적절히 통제하지 않으면 시간을 잡아먹는 시간도둑이 된다는 점이다.

제4상한에 익숙해질 무렵 우리는 또다시 제1상한의 긴급한 요청에 정신을 번쩍 차린다. 그리고 그동안 풀렸던 일상의 고삐를 죄며 또다시 극도의 긴장과 집중의 제1상한 활동에 몰두한다. 마치 중간 고사 이후 풀어져 게임과 노는 데 빠진 중고등학생과 같다. 중간고사가 닥쳐 다급하게 벼락치기로 시험준비를 하면서 마음속으로 '다음부터는 꼭 미리미리 준비해야지' 하는 생각을 한다. 그러나 중간고사가 끝나면 미리 공부하려는 욕구보다는 당장에 실컷 놀고 싶은 욕구가 내면의 다른 욕구들을 압도한다. 문제는 이렇게 놀다 보면 어느덧 시간이 살같이 빠르게 지나 기말고사가 코앞에 닥친다는 사실이다. 이처럼 제1상한 활동이 많을수록 제4상한 활동으로 도망가고, 제4상한에 있다 보면 다른 활동을 하지 못하고 있다가 또다시 제1상한으로 쫓기듯 내몰리게 된다.

제1상한과 제4상한을 오가다 보면 착각이 일어난다. 중요하지 않은 일이라도 다급하면 마치 중요한 것처럼 착각하여 이를 우선적으로 처리한다는 점이다. 이는 긴급성 중독을 야기한다. 그렇게 되면 중요하지 않은 제3상한의 활동에도 다급하다는 이유만으로 끌려가게 되고, 그렇다 보면 더 많은 긴장에 사로잡혀 더욱 자주 제4상한의 활동으로 탈출하려 한다. 이렇게 되면 별로 쉴 시간도 없이 정신없이 바쁜데 내실은 없고, 해야 할 일을 제대로 해내지 못하는 경우가 많다. 이를 표로 보면 〈도표 2〉와 같다.

이러한 악순환이 계속될수록 제2상한을 확보할 시간이 줄어든다. 제2상한 활동이 줄어든다는 것은 인생과 공동체를 바꿀 만한 정말 소중한 일을 하지 못한다는 뜻이다. 지혜로운 청지기는 어떻게든 제2상한을 확보하도록 지혜와 분별력을 발휘해야 한다.

먼저 지혜로운 청지기는 긴급한 일 가운데서도 정말 중요한 일과 중요하지 않은 일을 분별해야 한다. 반드시 시간을 투자하고 해

■ 도표 2. 바쁜데 내실 없는 경우

구분	긴급한 일	긴급하지 않은 일
중요한 일	* 제1상한 위기 다급한 문제 마감에 쫓기는 프로젝트 회의 준비 시험, 과제	* 제2상한 준비, 예방, 독서, 운동 가치규명 계획 인간관계 구축 임파워먼트(위임) 연구, 계발
중요하지 않은 일	* 제3상한 불시 방문, 불시 전화, 채팅, 톡 우편물, 이메일, 보고서 일부 회의 눈앞의 다급한 일들 인기 있는 활동들	* 제4상한 하찮은 일 바쁘게만 만들고 성과가 없는 일 웹 서핑, 가격 비교 사이트 시간 낭비 거리, 일부 전화 지나친 TV, Youtube, Nexflix 시청 과도한 SNS 활동

야 하는 일이 있는 반면, 당장 처리하지 않아도 큰 문제가 되지 않는 일도 있다. 때로 긴급하다 보면 분별없이 이 둘을 마구잡이로 처리할 수 있다. 그러나 지혜로운 청지기는 이 둘에 대해 예리한 분별을 할 수 있어야 한다.

둘째, 지혜로운 청지기는 제2상한을 가능한 한 많이 확보하여 제1상한의 활동을 줄여나가야 한다. 제1상한의 긴급한 일들은 마감시한이 다가오지 않았을 때 미리 여유롭게 준비하고 처리해놓을 수 있는 일이 꽤 많다. 따라서 제2상한을 잘 활용하면 닥쳐서 다급하게 해야 할 제1상한 활동이 많이 줄어든다. 제1상한이 줄어들면 긴장이

■ 도표 3. 좋은 성과를 거둘 수 있는 경우

구분	긴급한 일	긴급하지 않은 일
중요한 일	※ 제1상한 위기 다급한 문제 마감에 쫓기는 프로젝트, 회의 준비 시험, 과제	※ 제2상한 준비, 예방, 독서, 운동 가치규명 계획 인간관계 구축 임파워먼트(위임) 연구, 계발
중요하지 않은 일	※ 제3상한 불시 방문 불시 전화, 채팅, 톡 우편물, 이메일, 보고서 일부 회의 눈앞의 다급한 일들 인기 있는 활동들	※ 제4상한 하찮은 일, 바쁘게만 만들고 성과가 없는 일 웹 서핑, 가격 비교 사이트, 시간 낭비 거리 일부 전화, 지나친 TV, Youtube, Nexflix 시청 과도한 SNS 활동

■ 도표 4. 나의 시간 자원 점검표

시간	이틀 전	어제	오늘
새벽	- 큐티와 기도 (2상한 : 30분) - 학교 등교 (1상한 : 20분)		
오전			
오후			
저녁			

많이 줄어들기에 제4상한으로 피하는 시간도 줄어들고, 그렇게 되면 결국 인생을 뒤바꿀 일들을 행할 제2상한의 시간을 많이 확보하여 좋은 성과를 거둘 수 있다. 〈도표 3〉을 보라.

그렇다면 나는 내게 주어진 시간 자원을 어떻게 활용하는가? 점검해보자. 먼저 지난 2일간의 활동을 생각나는 대로 적어보자. 그리고 각 활동에 걸린 시간과 이 활동이 1~4상한 중 어디에 속하는지 적어보자(〈도표 4〉 활용).

이렇게 분석한 시간 중 제2상한에 활동한 시간들이 각 날별로 얼마나 되는가를 점검해보자. 코비 박사에 따르면 고도의 수행능력을 가진 조직들은 1~4상한의 활동비율이 〈도표 5〉와 같다.[31] 괄호 안은 일반적인 활동비율이다.

1~4상한은 활동뿐만 아니라 우리의 물질사용에도 적용된다. 우리는 물질을 긴급하고 중요한 일에도 사용하지만 때로 우리는 긴급하지도 않고 중요하지도 않은 일에 낭비할 때도 많다. 긴급성에 상

■ 도표 5. 고도의 수행능력을 가진 조직들의 활동비율표

구분	긴급한 일	긴급하지 않은 일
중요한 일	* 제1상한 20~25% (35~30%)	* 제2상한 65~80% (15%)
중요하지 않은 일	* 제3상한 15% (50~60%)	* 제4상한 1%이하 (2~3%)

구분	긴급한 일	긴급하지 않은 일
중요한 일	× 제1상한 물질사용 내역	× 제2상한 물질사용 내역
중요하지 않은 일	× 제3상한 물질사용 내역 낭비 내역	× 제4상한 물질사용 내역 낭비 내역

관없이 중요하지 않은 일에 사용하는 것은 자원을 낭비하는 것이다. 나에게 소중한 물질사용은 무엇인가? 개인, 가족, 이웃, 주님의 몸 된 교회와 공동체를 위한 지혜로운 물질사용은 무엇일까? 한번 돌아보자. 제2상한적 물질사용이 늘어나려면 나는 어떻게 지출활동을 조정할 수 있을까? 물질사용도 시간관리 매트릭스를 그대로 적용할 수 있다. 우리의 물질사용은 제1, 제4상한보다는 제2상한의 활동영역에 꾸준히 투자해야 한다.

1. 현재 나의 시간과 물질사용을 사분면 매트릭스를 활용하여 분석해보자.

2. 나에게는 1-4상한의 활동 중 변화가 필요한 영역은 어디인가? 어떻게 조
   정할 수 있을까?

3. 제2상한을 늘이기 위해 내가 결단해야 할 것은 무엇인가?

집안에 대한 이해
: 공동체의 큰 그림을 이해하라

　충성되고 지혜 있는 종은 그 양식을 집안사람들에게 때를 따라 지혜롭게 나누어주어야 한다. 그러려면 집안에 대한 이해가 선행되어야 한다. 여기서 우리는 공동체의 전체적인 구조를 살피고 이해할 필요가 있다. 전체적인 구조를 대략적으로 살피면 〈도표 7〉과 같다.

　먼저 교회를 떠받치는 중요한 두 기둥은 예배와 소그룹 목장(구역)이다. 예배는 하나님을 영화롭게 하며 그의 이름을 높이는 행위로 교회의 존재 이유이자 가장 중요한 사명이다. 예배는 우리가 오직 그리스도만을 따르는 충성된 팔로워임을 매 순간 확인하는 일이기도 하다. 예배를 통해 리더는 팔로워의 정체성을 분명히 하고 부르심의 방향을 명확히 분별한다. 소그룹 목장은 예배를 통해 경험한 하나님의 말씀과 은혜를 어둠 가운데 빛으로 부름받은 그리스도의

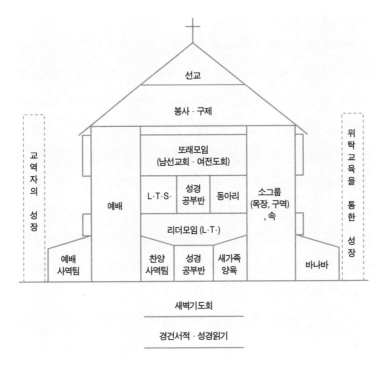

■ 도표 7. 집안 이해에 대한 공동체 전체 구조

지체들과 함께 인격적으로 교제하며 나누는 친밀한 작은 공동체의 만남이다. 소그룹은 그리스도의 신비로운 사랑의 몸을 경험하는 작은 천국이다.

이 둘은 하나님 사랑과 이웃 사랑을 실천하는 중요한 두 개의 기둥으로 교회를 떠받친다. 이 두 기둥을 든든히 세우기 위해 예배를 위한 예배 사역팀, 소그룹을 위한 새 가족 양육팀이 세워진다. 새 가족 양육을 통해 지체를 교회의 소그룹 목장에 편성하여 정착시키는 사역을 감당한다.

예배와 소그룹을 지탱하며 흔들리지 않도록 도와주는 수평적인 모임이 비슷한 연령대가 함께 모여 교제하는 남선교회, 여전도회, 또는 동기, 또래 모임이다. 이러한 또래 모임은 목장에서 소외되는 지체들까지를 또래가 갖는 특유의 친밀감과 동료의식으로 함께 품으며 예배와 소그룹 중심의 교회 활동에 잘 정착하도록 돕는다. 주의할 점은 또래 모임 특유의 친밀감으로 인해 또래끼리 모여 예배와 소그룹을 촉진하는 활동 외에 다른 목적의 모임을 갖는 것이다. 특수한 친교 모임의 그룹을 형성하고 교회 활동 외의 은밀한 비밀 모임을 갖게 되면 이것이 나중에는 공동체의 건강한 성장을 방해하는 암세포와 같은 모임이 되기도 한다.

건강한 친목 도모를 위한 또 다른 형태의 수평적 모임으로 동아리 활동을 들 수 있다. 교회마다 사정이 다르겠지만 동아리는 목장이 방학일 때 그동안 교제할 기회가 없던 지체들과의 친목을 도모할 수 있는 기회를 제공한다.

소그룹을 섬기는 리더 혹은 인도자모임(LT) 또한 예배와 소그룹을 이어주는 주요한 다리역할을 한다. 이를 통해 소그룹을 섬기는 리더는 더욱 신실한 예배자로 예배 때 주신 말씀을 공동체 지체들의 삶에 적용할 수 있도록 돕는 역할을 한다. 리더가 성장해야 소그룹 목장이 성장한다. 그러려면 교회는 리더의 성장을 위해 많은 것을 투자하고 쏟아부어야 한다. 또한 이런 리더를 지속적으로 배출하고 세우기 위해 예비리더학교(LTS) 또는 직분자학교와 같은 모임이 정기적으로 있어야 한다.

　예배와 소그룹 기둥 사이에 교회의 지체들을 더욱 내실 있게 세우기 위한 성경 공부과정들이 교회에 있다. 이는 공동체를 이루는 지체들을 튼튼하게 세워 더욱 신실한 예배자로 또한 그리스도의 몸 된 소그룹 공동체의 신실한 일원으로 세워가도록 한다.

　공동체 전체가 신실한 예배자와 성숙한 소그룹의 지체로 세워지기 위해 필요한 것이 있다. 그것은 목회자의 성장이다. 목회자가 성장하는 만큼 교회를 성숙한 곳으로 인도할 수 있기 때문이다. 목회자는 교회를 위해서라도 성장하기를 멈춰서는 안 된다. 성장은 책과 좋은 배움의 기회와 아름다운 만남 등을 통해서 온다. 목회자는 이를 위해 끊임없이 독서, 만남, 배움, 경험 등의 지경을 넓혀가야 하고 투자해야 한다.

　목회자가 정체될 때 교회도 정체가 찾아오기 쉽다. 목회자는 정체되지 않도록 부지런히 자신을 깨우고 성장과 배움의 자리로 나아가야 한다. 때로 목회자 개인의 역량으로 공동체의 성장을 견인하는 데 한계가 있을 때는 그 한계를 돌파하도록 외부의 위탁 교육기관 혹은 사역자에게 의뢰할 수 있다.

　더 나아가 교회는 다양한 활동을 통하여 하나님의 나라를 온 나라와 열방 가운데 세워가야 한다. 이는 다양한 형태의 봉사와 선교 활동으로 나타난다. 이것은 교회가 세상에 복음의 빛을 비추는 선교적 사명으로 교회의 지붕에 해당한다.

　목회자는 성도들의 개인적 성장과 교회의 기초공사를 튼튼히 하는 데도 힘써야 한다. 그 기저에 새벽기도회가 자리 잡고 있다. 새벽기도회는 크게 두 가지 장점이 있다.

첫째, 새벽기도회는 성도 개개인을 기도자로 준비시킨다. 성도 개개인이 날마다 신실하게 나라와 교회와 개인을 위해 기도하는 자리를 지키도록 격려하는 것은 교회의 토대를 마련하는 데 매우 중요하다. 기도의 힘이 교회의 성장과 사역의 기초가 된다.

둘째, 새벽기도회는 성도 개개인을 날마다 하나님의 말씀 앞에 서게 한다. 날마다 선포되는 말씀을 통해 성도 개개인이 든든한 말씀 위에 서도록 한다. 새벽기도회가 든든하면 교회가 튼튼하다. 따라서 교회를 튼튼하게 세우고자 한다면 새벽 기도회가 튼튼해야 한다. 때로 경건서적을 읽도록 추천하는 것도 많은 도움이 된다. 신앙서적도 자칫하면 치우칠 수 있기에 좋은 신앙도서를 목회자가 정기적으로 추천하는 것도 좋다.

이러한 교회 전체의 사역구조와 기능에 대한 이해는 리더의 자원을 효율적으로 배분하고 헌신하는 데 전체적인 안목을 제공할 것이다.

[Part 3. 각주]

27) 양형주, 「바이블 백신」(서울: 홍성사, 2019), 134쪽.

28) '충성', 네이버어학사전. dict.naver.com

29) 대그 휴워드 밀즈, 국제신학연구원 역, 「충성과 불충설」(서울: 서울말씀사, 2006), 23-
    70쪽

30) 스티븐 코비 외, 김경섭 역, 「소중한 것을 먼저 하라」(서울: 김영사, 1997), 299의 도표
    를 수정, 보완한 것이다.

31) 스티븐 코비, 「소중한 것을 먼저 하라」, 317쪽.

1. 하우스 다이어그램을 통해 새롭게 발견하게 된 점은 무엇인가요?

2. 그동안 간과하고 있었던 중요한 것은 무엇인가요?

3. 나는 몸된 교회를 세워가기 위해 현재 어떤 역할을 감당하고 있나요? 우리 교회에 연약한 부분은 무엇입니까? 이를 더욱 신실하게 감당하려면 어떤 준비가 필요할까요?

통해야 리더다

"말씀하옵소서. 주의 종이 듣겠나이다"(삼상 3:10).

"우리는 스스로 보기에도 메뚜기 같으니
 그들이 보기에도 그와 같았을 것이니라"(민 13:33).

리더는 구성원과 말이 통해야 한다. 공동체가 소통에 메말라 있을 때 조직은 경직되고 거칠어진다. 그래서 리더는 하나님께 공동체를 의탁하며 아뢰고, 또 하나님이 공동체에 주시는 마음이 무엇인지를 끊임없이 파악하며, 구성원들과 끊임없이 소통하여 이들의 곤란과 아픔을 이해하고 동기를 부여하며 격려하여, 하나님이 기뻐하시는 방향으로 갈 수 있도록 소통해야 한다. 탁월한 리더는 탁월한 커뮤니케이터(communicator)이다.

탁월한 커뮤니케이터의 모델은 하나님이시다. 하나님은 혼돈과 공허로 무질서한 세상 속에 거룩한 말씀을 보내 질서와 빛을 가져다주셨다. 하나님은 세상에 끊임없이 말씀하셨고 세상은 이에 반응했다(창 1:2-30). 그뿐만이 아니다. 하나님은 수많은 선지자를 통하여 여러 부분에 대해 다양한 방법으로 구약 성도들과 소통하셨고, 마침내 신약에서는 그 아들의 성육신을 통하여 더욱 우리와 밀접하게 소통하셨다(히 1:1-2).

의사소통에는 상호교감이 있어야 한다. 여기서는 교감의 대상에 따라 크게 세 가지로 나눌 수 있다. 첫째는 영적(spiritual) 커뮤니케이션이고, 둘째는 자기 자신과의 내적(intrapersonal) 커뮤니케이션이며, 셋째는 대인(interpersonal) 커뮤니케이션이다.

P·A·R·T·04

영적 커뮤니케이션에
최우선순위를 두라

영적 리더, 하늘이 열려야 한다

영적 커뮤니케이션이란 하나님과의 소통을 말한다. 영적 리더는 무엇보다 하나님과의 활발한 커뮤니케이션이 있어야 한다. 그래야 하나님의 뜻을 분별하고 구성원들에게 하나님의 뜻을 전달하여 하나님이 원하시는 방향으로 나아갈 수 있도록 설득할 수 있다. 성경에는 영적 리더십이 본격적으로 발휘되기 전, 먼저 리더에게 하나님과의 소통이 열리는 역사가 항상 일어났다.

모세를 보라. 출애굽을 위해 애굽으로 보냄받기 전, 그는 호렙산에서 떨기나무 가운데 불꽃으로 임하신 하나님과 만나 소통이 열리게 되었다(출 3:4-5). 여호수아는 어떤가? 모세의 리더십을 승계

하며 가장 먼저 하나님과의 소통이 열렸다. 여호수아 1장에 하나님은 여호수아에게 "네 평생에 너를 능히 대적할 자가 없으리니 내가 모세와 함께 있었던 것같이 너와 함께 있을 것"(수 1:5)이라 말씀하며, "강하고 담대하라"고 말씀하셨다(수 1:6-9). 주목할 것은 하나님과 소통하며 하나님의 뜻을 분별하고 그 안에 머물러 있기 위해서는 하나님의 말씀(율법책)을 주야로 묵상하여 입에서 떠나지 말게 하고, 그 안에 기록된 대로 행해야 한다는 점이다. 암울한 사사시대에 기드온이 부름받으며 가장 먼저 열린 것이 하늘과의 본격적인 소통이다. 기드온은 하나님의 사자가 방문한 후 끊임없이 하나님과 소통하며 전쟁을 수행했다(삿 6:12-16,36-40, 7:2-7,9-15).

예수님도 본격적인 공생애 사역을 감당하기 전 하늘이 먼저 열렸다. 예수님께서 세례를 받자 하늘이 열리며 성령이 비둘기같이 강림하는 가운데 "이는 내 사랑하는 아들이요 내 기뻐하는 자라"는 하나님의 음성을 듣는다(마 3:15-17). 또 십자가를 지시기 전 변화산에 오르시자 그곳에서 빛난 구름이 덮이며 "이는 내 사랑하는 아들이요 내 기뻐하는 자"라는 하나님의 음성을 다시 한번 확인한다(마 17:5).

영적 리더는 본격적으로 리더십을 발휘하기 전 하나님과의 소통이 열려야 한다. 리더는 구성원을 이끌기 이전에 하나님의 거룩한 말씀을 좇는 퍼스트 팔로워다. 그러려면 먼저 하나님의 말씀을 들어야 하고, 그 말씀이 리더의 내면에 강력한 확신으로 자리 잡아야 한다. 그래야 그 확신으로 구성원들에게 영향력을 끼칠 수 있다.

신적 커뮤니케이션에 최우선순위를 두라

영적 리더는 해야 할 긴급한 일이 아무리 많아도 신적 커뮤니케이션에 최우선순위를 두어야 한다. 신적 커뮤니케이션의 모범은 이 땅에 성육하신 예수 그리스도시다. 예수님은 수많은 사역으로 정신없이 바쁘셨지만 바쁜 가운데서도 하나님과의 커뮤니케이션을 최우선순위에 두셨다. 예수님은 하루 일정 가운데 긴급하고 바쁜 일과 당장에 긴급하지 않더라도 중요한 일(제2상한) 사이를 어떻게 균형 맞추어 가셨을까?

마가복음 1장 16~35절은 예수님의 갈릴리 사역 초기에 하루 동안 일어났던 숨 가쁜 일정을 시간순으로 보여준다. 예수님은 갈릴리 해변을 지나시며 시몬 베드로와 안드레를 부르셨다. 이어 야고보와 요한도 부르셨다(16-20절). 이후 가버나움 회당에 들어가서서 안식일을 지키셨고, 그곳에서 귀신들린 사람을 고치셨다(21-28절). 회당에서의 사역을 마치고 곧 베드로의 집에 들어가 열병으로 쓰러져 있던 장모를 치유하여 일으켰다(29-31절). 해질녘이 되었다. 해가 진다는 것은 이동하는 거리가 제한되었던 안식일이 끝났음을 알리는 신호였다. 그러자 원근 각처에서 수많은 병자와 귀신 들린 자가 예수님의 만져주심을 바라고 나아왔다. 예수님은 이들을 마다하지 않고 모두 고쳐주셨다(32-34절). 정말이지 눈코 뜰 새 없이 바쁘게 진행되는 사역이었다. 이런 살인적인 일정을 감당하고 나면 푹 쉬어야 하지 않을까? 그런데 다음 날 새벽에 어떤 일이 일어나는지 보라.

"새벽 아직도 밝기 전에 예수께서 일어나 나가 한적한 곳으로
가사 거기서 기도하시더니"(막 1:35).

정신없이 바쁘고 힘든 와중에도 예수님은 하늘 아버지와의 소통
을 놓치지 않고 든든하게 유지하셨다. 결국 이 기도가 정신없이 밀
려드는 사역 요청 가운데 예수님 사역의 우선순위를 분별하는 데 커
다란 자원이 되었다. 예수님은 기도를 통해 자칫 헷갈리기 쉬운 하
나님의 뜻을 명확하게 분별하셨다.

제자들은 이른 아침부터 예수님을 찾아온 수많은 사람의 요청에
기도하는 선생님을 다급하게 찾았다. 그러고는 수많은 사람이 만나
려고 찾아와 기다리고 있다고 말한다. 지금 당장 예수님을 긴급하게
찾으니 이러한 긴급한 요구에 응답해야 한다는 것이다. 그러나 이른
새벽에 기도하셨던 예수님은 긴급한 일과 중요한 일을 분별하셨다.
예수님은 긴급한 사역 요청을 뒤로하고 "우리가 다른 가까운 마을들
로 가자 거기서도 전도하리니 내가 이를 위하여 왔노라"(막 1:38)고
대답하셨다. 긴급한 일에 휘둘리지 않겠다는 것이셨다. 예수님은 하
나님과 기도하며 사람들이 원하는 것이 아니라 하나님이 기뻐하시
는 뜻을 분별하여 행하셨다.

이때 이미 가버나움에서의 사역이 성공적이었고 수많은 이가 가
버나움으로 몰려들고 있었다. 우리 같으면 사람들의 요청에 떠밀려

가버나움에 본부를 설치하고 안정적으로 자리 잡았을지 모른다. 하지만 예수님은 이곳에서 안정적으로 사역하는 것이 하나님의 뜻이 아님을 분별하셨다. 도리어 예수님은 자신에게 직접 나아오고 싶지만 갈 수 없는 이들을 찾아 가까운 마을과 온 갈릴리를 다니시며 하나님의 나라를 선포하셨다(막 1:39).

기도하는 리더는 구성원의 긴급한 요구와 하나님의 뜻 사이에 우선순위가 무엇인지를 분명하게 분별한다. 또한 내 뜻과 하나님의 뜻을 분별한다. 기도는 사람들의 요구와 나의 야망이 마치 하나님의 뜻인 것처럼 포장하려는 유혹을 분별하게 한다. 더 나아가 기도는 하나님의 뜻을 사람들에게 선포하고 그 뜻에 순종하도록 설득할 수 있는 지혜를 준다.

영적 커뮤니케이션에서 기도와 더불어 중요한 것이 말씀이다. 영적 리더는 단순히 말씀을 아는 것에 그치는 것이 아니라 그 말씀을 주야로 묵상하여 그 안에 거해야 한다. 시편 1편은 복 있는 사람은 "오직 여호와의 율법을 즐거워하여 그의 율법을 주야로 묵상하는도다"(시 1:2)라고 한다. "묵상한다"(히. 하가)는 말은 작은 목소리로 읊조린다는 뜻이다. 이는 하나님의 말씀이 내면의 생각과 정서에 머무르도록 하여 말씀으로 생각하고 말씀의 정서를 내면화하는 것을 말한다. 내면에 말씀이 머무르면 기도가 달라진다. 또 리더의 생각과 언어가 달라진다. 그러면 하나님의 뜻을 분별하기가 훨씬 수월하다. 리더는 영적 리더십을 발휘하기 이전에 먼저 하나님과의 신적소통을 활발하게 열어두어야 한다.

영적 리더십의 근본 위기는
어디서 오는가?

영적 리더십의 근본적인 위기는 항상 하늘의 소통이 막힐 때 일어난다. 하늘이 막히면 내면의 욕심과 야망이 끓어오르는 것을 억누르지 못하게 되고, 결국 개인의 야심을 하나님의 뜻으로 포장하여 하나님이 기뻐하지 않으시는 일을 자행하게 된다.

사울 왕을 보라. 아말렉과의 전쟁을 치르고 나서 그는 짐승을 진멸하라는 하나님의 말씀을 어기고 기름진 좋은 가축들을 남겨두었다(삼상 15:9). 사무엘 선지자가 그에게 어찌하여 여호와의 목소리를 청종하지 않느냐고 책망하자 그는 하나님께 좋은 가축으로 제사하려고 남겨두었다는 핑계를 댄다. 그러나 사무엘은 사울에게 그가 여호와의 말씀을 버렸으므로 하나님께서도 왕을 버릴 것이라고 경고한다(삼상 15:23). 리더의 위기는 하늘과의 소통이 막힌 데 있다.

사울의 리더십이 몰락할 때 하나님은 그가 아무리 물어도 대답하지 않으셨다. 꿈으로도, 우림으로도, 선지자로도 그 어떤 통로로도 하나님의 음성이 임하지 않았다(삼상 28:6). 사울 왕은 답답함과 두려움을 견디지 못하고, 결국 엔돌의 신접한 여인을 찾아가 엉뚱한 소리에 귀 기울이기에 이른다.

다윗의 아들 솔로몬의 위기도 하늘의 소통이 막힌 데서 왔다. 솔로몬 리더십은 일천번제를 드리고 하나님의 지혜를 구하는 데서 시작하였지만(왕상 3장), 말년에는 하나님과의 소통을 저버렸고(왕상 11:9-10), 이로 인해 이스라엘은 남과 북으로 분열되었다.

영적 리더는 하나님과의 관계에 막힘이 없어야 한다. 예기치 못했던 위기 앞에 리더는 항상 하나님께 나아가 기도하며 그의 뜻과 지혜를 구해야 한다. 다윗이 왕으로 통치하던 시대에 어느 때부터인가 3년간 연속으로 기근이 찾아왔을 때가 있었다. 이때 다윗은 무엇보다 하나님 앞에 간구하며 하나님의 뜻을 구했다. 그러자 하나님은 이것이 사울이 기브온 사람의 무고한 피를 흘렸기 때문이라고 알려주셨다(삼하 21:1). 결국 다윗은 기브온 사람의 무고한 죽음에 대한 원한을 풀어주고, 그 땅에 죄로 인한 막힘이 없게 하였다. 이처럼 영적 리더는 공동체에 위기가 찾아올 때 가장 먼저 엎드려 기도하며 하나님과의 막힌 관계를 풀고 활발한 영적 소통을 이어갈 수 있어야 한다.

하나님의 뜻을 분별하라

리더는 다양한 상황에서 하나님의 뜻을 분별해야 한다. 이를 위해서 리더는 성경과 주변 상황에 대한 깊은 이해를 갖고 있어야 한다. 하나님의 뜻을 분별하기 위해 리더는 기도 가운데 다음과 같은 요소를 고려하며 하나님의 뜻을 분별해야 한다.[32]

첫째, 일치하는 요소다.

먼저 리더는 성경에 나오는 하나님의 뜻이 자신에게 주시는 마음과 얼마나 일치하는가를 기도하며 살펴야 한다. 또한 이렇게 분별한 것을 가지고 나와 유사한 상황을 경험하거나 돌파했던 주변의 성숙한 리더나 멘토 혹은 코치와 이야기를 나누며, 이것이 어느 정도 하나님의 뜻에 타당하고 부합하는지를 살펴야 한다.

둘째, 고려해야 할 요소다.

리더는 자신이 분별한 하나님의 뜻이 내게 평안을 주는지, 아니면 갈수록 불안을 초래하는지를 살펴야 한다. 또한 이 뜻이 과연 다른 지체에게 어떤 유익을 주는지를 고려해야 한다. 나의 일신상의 유익을 위해 다른 이들을 이용하는 것은 아닌지, 아니면 모두에게 선한 영향력을 끼치는 것인지를 분별해야 한다. 또한 이 뜻을 실행하기 위해 지금 환경의 문이 열려 있는지 닫혀 있는지, 당장 실행할 수 있는지 기다려야 하는지를 고려해야 한다. 더 나아가 이것을 통해 하나님이 리더를 어떻게 성장시키기 원하시는지를 함께 고려해야 한다.

셋째, 충돌하는 요소다.

가장 중요한 것은 내면의 이기적 동기에서 나오는 자기중심적 생각이다. 육신의 정욕을 따르려는 내면의 교묘한 유혹을 살펴야 한다. 이와 함께 이번 기회가 아니면 다시는 이런 좋은 기회를 잡을 수 없다는 조급한 마음도 살펴야 한다. 마음이 조급해지는 것은 하나님이 충분히 하실 수 있다는 믿음이 약해질 때 온다.

영적 리더는 이상의 다양한 요소들을 고려하며 하나님의 뜻을 분별해야 한다. 이를 표로 나타내면 〈도표 8〉과 같다.[33]

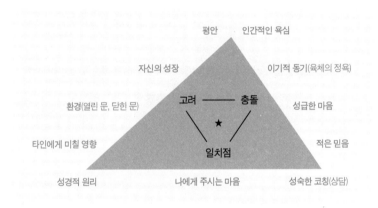

■ 도표 8. 하나님의 뜻을 분별하는 영적 리더의 모습

1. 나의 삶에 영적 커뮤니케이션은 실제로 어느 정도의 우선순위를 갖나요?

2. 하나님의 뜻을 건강하게 분별하려 할 때 제일 어려운 점은 무엇인가요? 어떻게 하면 보다 바르게 하나님의 뜻을 분별할 수 있을까요?

3. 삶의 위기 가운데 하나님과의 영적 소통을 통해 위기를 돌파했던 경험을 나누어 봅시다.

내적 커뮤니케이션의
질을 향상시키라[34]

자신과 말이 잘 통해야 한다

리더는 자신과 건강한 내적인 의사소통을 잘할 수 있어야 한다. 자신과 내적으로 소통하는 것을 내적 커뮤니케이션(Intrapersonal Communication)이라고 한다. 엄밀히 말하면 우리는 다른 그 누구보다 우리 자신에게 더 많이 이야기한다. 때로는 귀에 들리는 혼잣말로 중얼거리기도 하지만 대부분의 경우는 내적으로 자기 스스로와 내적 생각을 통해 의사소통을 한다. 성경에는 다양한 방식의 내적 커뮤니케이션이 등장한다.

첫째는 반성(reflection)이다. 이는 스스로를 돌아보며 자신과 깊이 대화하는 행위이다. 누가복음 15장에 탕자는 아버지의 가산을 모두 탕진하고 돼지 쥐엄 열매로 배를 채우려 한다. 하지만 쥐엄 열매도 주는 자가 없었다. 이때 탕자는 "스스로 돌이켜 이르되 내 아버지에게는 양식이 풍족한 품꾼이 얼마나 많은가. 나는 여기서 주려 죽는구나" 하며 탄식한다(눅 15:17). 여기서 탕자가 스스로를 돌아보며 자신에게 말하는 자기반성의 행위가 등장한다.

둘째는 설득과 결단의 생각(thinking)이다. 열두 해 혈루증 앓는 여인은 예수님께서 큰 무리가 에워싸는 가운데 지나가시는 것을 보고 "내가 그의 옷에만 손을 대어도 구원을 받으리라"(막 5:28)고 생각했다. 여인은 생각을 통해 스스로를 설득하고 결단했다.

셋째, 성령의 감동(impression)이다. 우리의 내적 커뮤니케이션에는 때로 성령께서 개입하신다. 사도행전 10장에 보면 베드로가 욥바에 있는 시몬의 집에서 기도 중에 환상을 보고 이것이 무슨 의미일지를 곰곰이 생각하는 장면이 나온다. 베드로가 그 환상에 대하여 생각할 때 성령께서 개입하여 그에게 말씀하신다(행 10:19).

이러한 내적 커뮤니케이션은 겉으로 드러나지 않지만 간과할 수 없는 매우 중요한 커뮤니케이션 요소이다. 그래서 잠언은 "대저 그 마음의 생각이 어떠하면 그 위인도 그러하다"(잠 23:7)고 말씀한다. 내적 커뮤니케이션이 그의 사람됨을 결정한다는 뜻이다.

내적 의사소통을 통해 사람은 지적으로, 감정적으로, 의지적으로 다른 사람을 대면하도록 준비한다. 탕자는 스스로 반성하고 아버지의 집이 얼마나 좋은가를 돌아보며 아버지께 돌아갈 준비를 했다. 열두 해 혈루증을 앓던 여인은 생각을 통해 용기 없는 스스로를 설득하고 결단시켜 예수님께 나아가 그의 옷자락을 만지도록 했다. 베드로는 자신의 생각과 성령의 감동을 통해 자신을 찾아오는 로마 백부장 고넬료의 집을 따라나섰다. 이처럼 내적 의사소통은 외적 의사소통의 기초가 된다.

내적 의사소통의 질(quality)을 향상시키려면

우리가 실제로 말할 때는 1분에 약 125개의 단어를 말하는 반면, 우리의 생각은 약 400개의 단어를 쏟아낸다. 우리가 입으로 하는 말보다 서너 배 많은 생각을 메시지로 스스로에게 쏟아낸다면 우리는 이러한 메시지를 내면의 확신으로 굳히기 쉽다. 나는 부정적인 확신에 사로잡혀 사는가, 긍정적인 확신에 사로잡혀 사는가? 우리가 영적 리더라면 마땅히 부정적인 메시지보다 긍정적인 메시지를 쏟아내야 할 것이다. 하지만 세상 풍조 가운데 살아가다 보면 이것이 쉽지 않다. 우리의 내적 의사소통의 질을 긍정적으로 향상시키려면 어떻게 해야 할까? 가장 중요한 원리는 성경이 우리에 대해 말하는 바를 깨닫고 받아들이는 것이다. 이를 좀 더 구체적으로 살펴보자.

성경이 말하는 관점으로 자신을 보라.

스스로를 바라볼 때 어떤 생각이 드는가? 보통은 부정적인 생각들이다. 그런데 이런 생각이 지속적으로 부정적이면 자신과의 내적 커뮤니케이션 또한 부정적이다. 우리는 스스로에게 "네가 그렇지 뭐" "너 같은 애가 뭐 대단하다고" 하는 등의 부정적 메시지를 너무 자주 남발한다. 이것이 보통 말로 들을 때보다 세 배나 많다고 생각해보라. 그렇게 되면 우리 내면에는 부정적인 신념이 견고하게 자리 잡게 된다.

우리는 자신을 바라보는 관점을 성경에서 가져올 필요가 있다. 성경은 성도를 어떤 존재로 정의하는가?

> "그러나 너희는 택하신 족속이요 왕 같은 제사장들이요 거룩
> 한 나라요 그의 소유가 된 백성이니"(벧전 2:9).

우리는 하나님의 특별한 택하심을 받은 자들이다. 영광스러운 왕 같은 제사장이다. 하나님의 소중한 보석과 같은 존재들이다. 여기 "그의 소유된 백성"이란 하나님께서 시내 산에서 그의 백성을 "내 소유"(출 19:5)라고 선언하신 표현에서 가져온 것인데, 여기 '소유'(히. 세굴라)는 보물 또는 보석과 같이 소중하고 귀한 소유물을 말한다. 하나님 보실 때 우리는 보석같이 매우 소중한 존재들이다. 왜? 우리는 모두 예수 그리스도의 소중한 보혈로 구속받은 존재들이기 때문이다. 그래서 고린도전서는 "너희는 값으로 사신 것이니 사람들의 종이 되지 말라"(고전 7:23)고 선언한다.

우리는 사람들의 평가와 시선에 휘둘리지 말아야 한다. 우리는

예수님의 생명의 핏값으로 사신 바 된 존귀한 존재들이다. 그 가치를 세상의 싸구려에 비할 것이 아니다. 자신이 얼마나 특별한 가치를 가진 소중한 존재인지를 믿음으로 받아들이는 것이 건강한 내적 커뮤니케이션의 첫걸음이다.

인도의 한 사업가가 새로운 지역에서 새로운 사업을 시작하려고 계획하고 있었다. 그러려면 믿을 만한 파트너를 찾는 것이 필수였다. 그 지역을 조사해보니 하나같이 조니 링글이란 사업가를 가장 믿을 만한 사람으로 추천했다. 사람들은 조니 링글에 대해서 많은 칭찬을 했다. 그런데 그에 대해 칭찬을 하고 나면 공통적으로 나중에 특이한 웃음을 짓곤 하였다. 그 웃음의 의미가 무엇인지 궁금했다. 그래서 그는 그 지역의 한 사람에게 물어보았다. "왜 모든 사람이 그에 대해 이야기하면 칭찬하다가도 끝에 가서 특이한 웃음을 짓습니까?" 그러자 이것은 사업과 상관없는 이야기라며 말을 피하려 하였다. 그러나 집요하게 물어보았고, 결국 그 사연을 듣게 되었다.

알고 보니 조니 링글은 최근에 결혼했다. 그 지역에서는 결혼할 때 신부에게 지참금으로 소를 주게 되어 있었다. 관습에 의하면 보통은 두세 마리에서 서너 마리 정도를 주었다. 그 동네에서는 어떤 여인도 여섯 마리 이상을 받은 적이 없었다. 그런데 조니 링글은 결혼하면서 매우 평범하게 생긴 한 여인에게 소 열 마리를 주고 결혼한 것이다. 이 사람은 사업상의 거래에서 결코 실수하지 않는 사람인데 어찌 특별할 것도 없는 지극히 평범한 여인에게 소를 열 마리나 주고 장가를 갔는가? 그것이 그 마을 사람들이 웃는 이유였다. 듣고 보니 사업과는 별 상관이 없는 문제 같았다. 사업과 연애, 결혼은 분명 다른 영역이라 생각했기 때문이다.

마침내 이 사업가는 수소문 끝에 조니 링글과 식사 약속을 잡았다. 조니 링글은 그를 자신의 집으로 초대했다. 집에 가서 조니 링글과 인사를 나누자 그는 자기 아내를 소개하였다. 이 사업가는 말로만 듣던 화제의 그녀를 바라보았다. 그런데 눈을 뗄 수가 없었다. 너무나도 아름답고 매력적이었다. 첫인사부터 손님을 접대하는 매너와 옷차림, 모든 것이 너무나도 기품 있고 특별했고 아름다웠다.

'이상하다? 동네 모든 사람이 조니 링글이 결혼하며 실수했다고 했는데….' 그가 의아한 표정을 짓자 조니 링글이 그 이유를 눈치채고 물었다.

"마을 사람들이 나에 대해 이야기하는 것을 듣고 의아하신가 보죠?"

그 사람이 그렇다고 대답했다.

"제가 들은 당신의 아내는 지극히 평범한 여인이라고 들었는데 이렇게 특별한 아름다움을 지닌 분을 보니 놀라울 뿐입니다. 도대체 어떻게 된 것인가요?"

그러자 조니 링글은 그 이유를 알고 싶으면 자기 아내에게 직접 물어보라고 했다. 그러자 그의 아내가 사연을 말해주었다. 처음 자기 아버지에게 그 마을에서 가장 성공적인 사업가인 조니 링글이 자신에 대한 신부지참금으로 소 열 마리를 준다는 소식을 들었을 때 그녀는 깜짝 놀랐다. '소 열 마리?!' 그녀는 거울 앞에 가서 스스로에게 묻고 다짐하였다. '결코 사업에 실패하지 않는 우리 마을의 전도유망한 사업가가 소를 무려 열 마리나 주고 나를 데려간다고? 이것은 우리 마을의 전무후무한 기록갱신이다. 그렇다면 난 반드시 그 가치에 걸맞게 아름다워야 한다. 난 정말 매력적이어야 한다!'

그래서 그녀는 매일 거울 앞에 서서 '나는 가치 있는 사람이다. 존귀한 아름다운 부인이다. 그는 결코 실수하지 않는다. 나는 정말 소 열 마리 이상의 가치가 있다'고 되뇌었다. 이후로 그녀는 스스로를 존귀하게 바라보기 시작하였고, 그러자 이런 생각이 마음에 확신으로 자리 잡았다. 확신이 서자 스스로 그런 사람이 되기 위해 노력했고, 정말 나중에 기품 있고 매력적인 사람으로 변하였다. 그녀가 그렇게 아름답고 고상하고 매력적인 여인이 된 것은 자신을 존귀하게 보아준 남편 덕분이었다. 나의 남편이 나를 그렇게 봐주었기 때문이다.

이것은 우리 삶에서도 마찬가지다. 우리는 가치 있는 존재다. 예수 그리스도의 핏값을 치를 정도로 우리는 값비싸고 소중하다. 하나님이 나를 구원하신 것이 실수였을까? 가치 없는 나를 판단 착오하셔서 어쩌다 구하신 것일까? 결코 그렇지 않다.

지나가다가 1억 원짜리 수표를 발견했다고 하자. 수표에는 "발견한 사람이 그 돈을 마음껏 사용할 수 있다"고 적혀 있었다. 이게 웬 횡재인가? 그런데 수표에 누군가가 가래침을 뱉어 놓았다. 그것도

피가 섞인 가래침이다. 주을까, 줍지 않을까? 대부분의 사람들은 가래침과 상관없이 얼른 이 수표를 주워 깨끗하게 씻어서 사용할 준비를 할 것이다. 우리가 그렇다. 비록 지저분한 것이 좀 묻고 죄의 흔적이 남아 있지만 우리는 그 자체로 예수 그리스도 생명의 값어치가 있는 존재들이다.

우리는 생각보다 자신을 너무나 저평가한다. 이제는 존귀한 자로 재평가하라! "너희가 알거니와 너희 조상이 물려준 헛된 행실에서 대속함을 받은 것은 은이나 금같이 없어질 것으로 된 것이 아니요 오직 흠 없고 점 없는 어린 양 같은 그리스도의 보배로운 피로 된 것이니라"(벧전 1:18-19).

성경에 근거한 자존감을 세우라.

영적 리더는 성경에 근거하여 우리의 자존감을 세워야 한다. 자존감(self-esteem)이란 자아존중감(自我尊重感)으로, 이는 자신이 사랑받을 만한 가치가 있는 소중한 존재이고 어떤 성과를 이룰 만한 유능한 사람이라고 받아들이는 믿음이다. 리더에게 자아존중감의 근거는 하나님이 그를 받아들이신 방식에서 온다. 하나님이 나를 보시는 것처럼 그대로 자신을 바라보는 것이다. 나는 과연 하나님이 나를 받아들이는 방식으로 자신을 받아들일 수 있을까? 이를 저해하는 가장 큰 장애는 비교이다. 자꾸 다른 이와 비교하여 그보다 못한 것을 마치 자신의 잘못인 양 힘들어하고 자신을 형편없는 사람으로 평가하고 받아들이려 한다. 우리는 비교의식을 버리고 하나님이 우리를 받아들이는 방식으로 자신을 수용해야 한다.

민수기 13장에는 이스라엘 백성이 약속의 땅 가나안을 정탐하고 와서 그 땅에 대해 보고하는 장면이 등장한다. 여호수아와 갈렙, 두 사람은 긍정적인 믿음의 보고를 하고 나서 "올라가서 그 땅을 취하자. 능히 이기리라"(민 13:30)고 했다. 하지만 나머지 열 명의 정탐꾼은 부정적인 보고를 하며 그 땅은 우리를 삼키는 땅이라고 악평한다. "거기서 네피림 후손인 아낙 자손의 거인들을 보았나니 우리는 스스로 보기에도 메뚜기 같으니 그들이 보기에도 그와 같았을 것이니라"(민 13:33).

여기에 정탐꾼들의 자존감이 고스란히 등장한다. 자신들은 "스스로 보기에도" 메뚜기 같고 "그들이 보기에도" 메뚜기 같았을 것이라고 한다. 지금 정탐꾼들의 시선은 아낙 자손과의 비교를 통해 그들의 시선을 고스란히 자신에게 투영한 것이다. 장대한 그들과 비교하니 자신은 한낱 메뚜기 같은 존재로밖에 보이지 않는 것이다. 여기에는 하나님이 이들을 어떻게 바라보시는가가 빠져 있다. 이것은 오늘날 우리도 종종 빠지는 함정이다. 우리는 타인이 우리를 바라보고 평가하는 방식 그대로 자신에게 투영한다. 더 나아가 이렇게 스스로를 저평가하는 방식으로 다른 이들을 저평가한다. 그래서 흔히 하는 말이 "그래, 나 잘난 것 없다! 넌 뭐가 잘났냐?" 하는 것이다. 그러나 우리는 무엇보다 하나님이 우리를 보시는 방식대로 자신을 보아야 한다. 여호수아와 갈렙은 하나님이 이스라엘을 보시는 방식을 받아들였다. 그랬기에 "곧 올라가서 그 땅을 취하자. 능히 이기리라"(민 13:30)고 말할 수 있었다.

하나님이 나를 바라보시는 시선보다 주변에서 나를 바라보는 시선이 더 크게 보일 때 우리의 내적 커뮤니케이션은 부정적으로 변한다. 사울 왕이 아말렉과의 전쟁에서 모든 것을 진멸하라는 하나님의 명령을 지키지 않고 살지고 기름진 짐승을 살려두었을 때 사무엘은 "순종이 제사보다 낫고 듣는 것이 숫양의 기름보다 나으니"(삼상 15:22)라고 책망한다. 그러자 사울은 사무엘에게 자신이 범죄하였다고 인정하며 자신이 여호와의 명령을 어긴 것은 "백성을 두려워하여 그들의 말을 청종하였음이니이다"(삼상 15:24)라고 한다.

사울은 어느 순간 하나님의 시선을 잃어버리고 백성의 시선으로 자신을 보았다. 백성들이 자신을 어떻게 보아줄까가 초미의 관심사가 되었다. 이런 사울의 관심사는 그가 사무엘에게 간청하는 말 가운데 고스란히 드러난다. "내가 범죄하였을지라도 이제 청하옵나니 내 백성의 장로들 앞과 이스라엘 앞에서 나를 높이사 나와 함께 돌아가서 내가 당신의 하나님 여호와께 경배하게 하소서"(삼상 15:30). 사울은 이스라엘 백성을 '내 백성'으로, 하나님은 '당신', 곧 '사무엘의 하나님'으로 부른다. 이런 인식은 사울이 누구의 시선과 음성을 더욱 의식하는지를 고스란히 보여준다.

리더는 끊임없이 하나님의 시선으로 자신을 바라보는 연습을 해야 한다. 더 크게도, 더 작게도 말고 하나님이 말씀하신 그대로 우리를 바라보아야 한다. 스바냐 3장 17절은 우리를 향한 하나님의 시선을 다음과 같이 말씀한다.

"너의 하나님 여호와가 너의 가운데에 계시니 그는 구원을 베
푸실 전능자이시라. 그가 너로 말미암아 기쁨을 이기지 못하
시며 너를 잠잠히 사랑하시며 너로 말미암아 즐거이 부르며
기뻐하시리라 하리라."

하나님은 우리로 인하여 기쁨을 이기지 못하신다. 우리를 향한
기쁨에 저항하실 수 없다는 것은 우리를 얼마나 크게 사랑하시는지
를 묘사한다. 또 우리를 잠잠히 사랑하신다. 이를 영어 성경에는 "그
의 사랑이 너를 조용하게 만든다"(He will quiet you with his love-
NIV)로 되어 있다. 그의 사랑이 얼마나 크고도 강렬한지 우리를 잠
잠하게 한다. 드라마에 보면 이따금 여주인공이 떨리는 목소리로 사
랑한다고 말하려 할 때 자신을 사랑하는 남자 주인공의 사랑이 가슴
벅차게 다가와 "헉" 하고 숨소리만 내며 아무 소리도 못 할 때가 있
다. 사랑이 너무 크게 몰려오면 할 말을 잃는다. 그것이 "너를 잠잠
히 사랑하신다", 곧 "그의 사랑이 너를 잠잠하게 한다"는 뜻이다. 또
하나님이 우리를 보시면 얼마나 기쁘고 즐거우신지 우리로 인해 노
래하신다. 우리는 하나님을 찬양하고 노래하지만 하나님이 노래하
시는 주제는 그가 사랑하는 백성, 곧 우리다!

이러한 하나님의 관점으로 우리를 받아들여야 한다. 이제 과거
에 나를 바라보았던 부정적인 관점을 내려놓으라. 비교와 타인의 시
선으로 인해 힘들어했던 감정을 내려놓으라. 그리고 오직 우리를 잠
잠히 사랑하시는 하나님께 집중하라. 그의 사랑의 관점으로 우리를

바라보는 연습을 시작하라.

삶의 목적과 행동을 하나님의 부르심과 목적에 맞추라.

삶의 목적과 방향은 우리의 정체성의 근간을 형성하는 매우 중요한 요소이다. 이것이 명확하지 않으면 우리는 끊임없이 이것을 두고 고민하고 자신에게 두려움과 염려 섞인 부정적인 메시지를 보내기 쉽다. 따라서 우리는 우리 삶을 향한 하나님의 목적을 이해하고 하나님의 부르심대로 나아가야 한다. 이때 내적 커뮤니케이션은 보다 뚜렷해지고 밝아진다.

기억할 것은 우리를 부르심은 능력과 소유에 달리지 않다는 사실이다. 부르심에 대한 고린도전서 1장 26절 이하의 말씀을 살펴보자.

"형제들아 너희를 부르심을 보라. 육체를 따라 지혜로운 자가 많지 아니하며 능한 자가 많지 아니하며 문벌 좋은 자가 많지 아니하도다. 그러나 하나님께서 세상의 미련한 것들을 택하사 지혜 있는 자들을 부끄럽게 하려 하시고 세상의 약한 것들을 택하사 강한 것들을 부끄럽게 하려 하시며 하나님께서 세상의 천한 것들과 멸시받는 것들과 없는 것들을 택하사 있는 것들을 폐하려 하시나니 이는 아무 육체도 하나님 앞에서 자랑하지 못하게 하려 하심이라"(고전 1:26-29).

여기에 보면 하나님이 택하고 부른 이들의 특징이 나온다. '세상의 미련한 이들' '세상의 약한 이들' '세상의 천한 이들, 멸시받는 이들, 가진 것이 없는 이들'이다. 이렇게 보잘것없는 이들을 택하신 이유가 무엇인가? 이런 연약한 이들을 통해 하나님의 지혜와 능력이 드러나게 하셔서 지혜 있는 자들을 부끄럽게 하시고, 강한 자들을 부끄럽게 하시고, 많은 것을 소유한 이들을 폐하여 누구도 교만하게 자랑하지 못하도록 하기 위해서다. 하나님은 연약한 우리를 통해 그분의 지혜와 능력이 드러나길 원하신다. 이런 이유로 우리를 택하고 부르셨다. 이런 목적으로 우리를 부르셨다면 우리는 자신의 능력에 대한 기대보다 우리를 통해 하나님의 능력이 나타나길 기대해야 한다. 예수님은 "나를 믿는 자는 내가 하는 일을 그도 할 것이요 또한 그보다 큰일도 하리니"(요 14:12)라고 하셨다. 우리는 하나님의 영광을 드러내는 일에 쓰임받을 것을 기대하며 나아가야 한다.

우리는 하나님의 영광을 드러내기 위해 지음받았다. "이 백성은 내가 나를 위하여 지었나니 나를 찬송하게 하려 함이니라"(사 43:21). 또한 그분의 아름다운 덕을 선정하도록 부름받았다(벧전 2:9). 우리의 삶을 향한 이런 숭고한 부르심에 초점 맞출 때 우리에게는 긍정적인 내적 커뮤니케이션이 일어나게 될 것이다.

자신에게 긍정적인 이야기를 하라.

사람은 스스로에게 말을 건다. 혼잣말도 하지만 생각으로도 끊임없이 말한다. 이런 자기 대화를 이어가는 분위기는 어떠한가? 우리는 하나님의 관점으로 자신을 바라보고 하나님이 하실 일을 기대하며 긍정적인 이야기(positive self-talk)를 소통할 필요가 있다. 빌립보서는 성도들이 나누어야 할 이야기의 성격이 어떠해야 할지를 다음과 같이 말씀한다.

"끝으로 형제들아
무엇에든지 참되며 무엇에든지 경건하며
무엇에든지 옳으며 무엇에든지 정결하며
무엇에든지 사랑받을 만하며
무엇에든지 칭찬받을 만하며
무슨 덕이 있든지 무슨 기림이 있든지
이것들을 생각하라"(빌 4:8).

여기 "무엇에든지"(whatever-NIV)라는 표현이 연속적으로 강조되고 있다. 성도는 무슨 일에든지 참되고 경건하며 바르고 정결하며 사랑받을 만하고 칭찬받을 만한 생각들을 스스로와 소통해야 한다. 이는 성도의 내면을 관통하는 내적 커뮤니케이션의 성격이 항상 어떠해야 하는지에 관한 말씀이다. 우리의 생각은 아무도 모르지만 그 생각을 관통하는 중심에 이러한 성격이 있어야 한다.

요즘 내 생각의 흐름은 어떠한가? 이따금 내뱉는 혼잣말은 어떠한가? 긍정적인 자기 소통을 삶의 다양한 영역에서 점점 확대하기를 힘쓰라.

1. 나는 스스로에 대해 긍정적인 내적 커뮤니케이션을 하는 편인가요? 아니면 부정적인 커뮤니케이션이 많습니까? 그 원인은 무엇이라 생각하는가요? 서로 나누어 봅시다.

2. 나는 타인의 시선과 평가에 얼마나 민감하게 반응하는 편인가요? 하나님의 관점으로 스스로를 바라보는 것을 내적 커뮤니케이션의 기초로 삼을 때 나의 내적 커뮤니케이션을 항상시킬 수 있는 영역은 무엇입니까?

대인 커뮤니케이션의
태도를 점검하라

대인 커뮤니케이션(interpersonal communication)은 본격적으로 영적 리더십을 행사하는 통로이자 과정이다. 리더는 다양한 커뮤니케이션을 통해 영향을 주어 구성원을 격려하고 이해시키며 자극하고 동기를 부여하여 변화로 나아가도록 한다. 리더는 변화를 일으키는 자다. 그러나 구성원들은 변화를 그다지 좋아하지 않는다. 보통 구성원은 변화를 직면할 때 분노하거나 저항할 때가 많다. 그리고 많은 경우 리더가 인도하는 변화로 인해 신뢰와 관계가 깨진다. 때로는 서로에 대한 배신감으로 아파하고 고통스러워한다. 이러한 피해를 가능한 한 최소화하고 긍정적인 변화를 이끌어 가기 위해서 리더는 건강한 대인 커뮤니케이션으로 정확한 정보와 가치를 소통하며 변화에 대한 저항과 두려움을 극복하도록 도와야 한다.

대인 커뮤니케이션의 과정과 장벽들

건강한 커뮤니케이션을 위해 리더는 커뮤니케이션이 이루어지는 과정을 이해할 필요가 있다. 여기에는 크게 네 가지 주요 요소가 있다. 송신자(sender), 수신자(receiver), 메시지(Message), 전달 매체(Medium)이다.

먼저 메시지를 보내는 송신자다. 송신자의 역할은 주로 리더가 담당할 때가 많다. 송신자가 메시지를 보내면 이 메시지를 받는 수신자가 있다. 수신자는 팔로워가 될 때가 많다. 그러나 일방적이기만 한 것은 아니다. 수신자와 송신자 간에는 끊임없이 소통이 일어나며 이 두 역할은 상호교환적이기도 하다. 그런데 수신자는 종종 송신자의 메시지를 곡해할 때가 많다. 그러다 보면 오해나 소문이 퍼지기도 한다. 소위 말하는 '카더라 통신'이 기승을 부리기도 한다. 수신자가 리더이든 팔로워이든 중요한 것은 송신된 메시지를 잘 듣고 이해하는 일이다.

수신자와 송신자 간에 메시지를 오해하는 이유는 메시지의 전달 과정에서 일어나는 암호화(coding)와 해독(decoding)과정 때문이다. 송신자가 메시지를 보낼 때는 자신만의 독특한 세계관, 가치관, 자아상과 삶의 스토리를 반영하여 일종의 암호화를 하여 내보낸다. 수신자는 이렇게 전달된 메시지를 자기만의 독특한 세계관에 근거해 해독한다. 이처럼 송신자와 수신자 간에는 메시지의 암호화와 해독과정이 끊임없이 일어나고, 이 과정에서 종종 오해가 발생한다. 리더가 갖고 있는 가치관과 세계관, 그리고 그를 형성한 삶의 스토리가 팔로워 배후의 것과 다르기에 여기에는 해석의 왜곡이 존재한다.

메시지를 오해하는 또 다른 이유는 메시지가 수신자에게 전달되는 과정에 여러 소음장벽이 방해하기 때문이다. 예를 들어 리더가 "비가 내린다"고 말한 것이 팔로워들에게는 "피가 내린다"고 해석이 되어 리더는 큰 의미 없이 한 말이 팔로워들에게는 커다란 충격을 준다. 이렇게 해석한 것은 메시지와 주변 환경인 소음이 섞여 비가 피로 들렸기 때문이다. 갑자기 많은 사상자가 나오는 대형사고가 발생했을 때 비가 내린다는 말을 들으면 "피를 흘렸다"고 왜곡될 수 있는

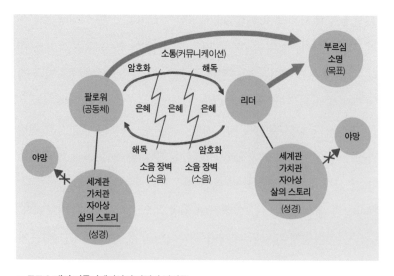

■ 도표 9. 대인 커뮤니케이션의 과정과 장벽들

식이다. 이런 식의 메시지 왜곡이 때로는 공동체 전체를 혼란스럽게 만들기도 한다. 더 깊이 나아가 리더는 팔로워들의 배후에 있는 욕구와 야망, 그리고 자신의 욕구와 야망을 잘 분별할 수 있어야 한다. 이러한 동기는 쉽게 눈에 띄는 것이 아니기에 종종 다른 형태로 포장하여 나타난다. 리더는 성령으로 충만하여 이러한 배후의 욕심을 잘 분별하여 성령께서 주시는 마음으로 메시지를 전달해야 한다.

커뮤니케이션의 소음 장벽들은 이 외에도 수신자와 송신자간 서로 다른 문화의 차이, 기대의 차이, 교육받은 것에 대한 차이, 환경의 차이, 경험의 차이, 태도의 차이 등 여러 상황적 요소가 있다. 따라서 리더는 이런 왜곡이 일어날 수 있는 요소를 다양하게 고려하여 절절한 시기에 적절한 메시지를 전달해야 한다. 그렇지 않으면 항상 오해가 발생할 수 있다. 또한 리더(송신자)는 메시지를 전달하는 방식(미디어)을 신중하게 고려해야 한다. 메시지는 언어로만 전달하는 것이 아니다. 비언어적인 메시지도 있고 시각적인 메시지도 있다. 각 때에 맞는 적절한 방식을 선택해야 한다.

이처럼 커뮤니케이션에는 항상 왜곡과 오해의 소지가 발생할 수 있기에 영적 리더의 커뮤니케이션에는 은혜가 필요하다. 공동체의 관계를 타고 은혜가 흐를 때 커뮤니케이션의 오해와 피해를 줄일 수 있다. 따라서 리더는 최선을 다하여 소통하되 리더를 통해 주님의 뜻이 더 잘 드러나도록 끊임없이 은혜를 구하며 나아가야 한다. 소통 가운데 주님의 임재를 구해야 한다. 두세 사람이 주님의 이름으로 모인 곳에 주님이 함께하시고, 그곳에서 거룩한 소통이 일어난다.

커뮤니케이션 도구들

언어적(verbal) 도구들

존경받는 원로 목회자가 한 강연회에서 영적 리더에게 가장 필요한 자질이 무엇인가에 대한 질문을 받고 '국어 실력'이라고 답한 적이 있다. 같은 말이라도 어떤 단어를 사용하여 표현하고 전달하느냐에 따라 구성원들이 받아들이는 방식과 효과가 다르기 때문이다. 리더는 좋은 언어를 사용하도록 부단히 노력해야 한다.

리더는 언어를 효과적으로 사용할 수 있어야 한다. 추상적인 언어보다 구체적인 언어가 훨씬 효과적으로 변화를 일으킬 수 있다. 예수님은 보다 효과적인 메시지의 전달을 위해 그림 언어를 종종 사용하셨다. "공중의 새를 보라"(마 6:26). 주위를 환기시키며 하나님이 창조하신 피조세계를 구체적으로 바라보고 하나님의 놀라운 뜻을 깨닫도록 말씀하셨다. 또 일상생활에 친숙한 사례를 비유로 들어 생생한 그림 언어로 즐겨 사용하셨다.

언어의 효과적인 사용도 중요하지만 언어는 그 이전에 은혜와 생명을 담는 도구가 되기도 하고 죄와 사망을 담는 도구가 되기도 함을 알아야 한다. 다음의 성경 구절들을 보라.

"지혜자의 입의 말들은 은혜로우나 우매자의 입술들은 자기를 삼키나니"(전 10:12).

"그들이 다 그를 증언하고 그 입으로 나오는 바 은혜로운 말을 놀랍게 여겨 이르되 이 사람이 요셉의 아들이 아니냐"(눅 4:22).

"내가 너희에게 이른 말은 영이요 생명이라"(요 6:63).

"선한 사람은 그 쌓은 선에서 선한 것을 내고 악한 사람은 그 쌓은 악에서 악한 것을 내느니라. 내가 너희에게 이르노니 사람이 무슨 무익한 말을 하든지 심판 날에 이에 대하여 심문을 받으리니 네 말로 의롭다 함을 받고 네 말로 정죄함을 받으리라"(마 12:35-37).

여기 선한 것을 '내고'라는 말은 헬라어 동사 '에크발로'를 번역한 말이다. '에크'는 '~로부터'(from)라는 뜻이고, '발로'는 '던지다'는 뜻이다. 즉 마음으로부터 바깥으로 던지는 행위를 말한다. 이 것은 마음에 있는 것을 외부로 그대로 내던진다는 뜻이다. 즉 말은 우리 내면에 쌓은 선 혹은 악을 고스란히 내비쳐주는 도구가 된다는 것이다. 이처럼 말은 우리 내면에 있는 상태와 자기 정체성을 드러 내는 도구이다. 이런 소중한 도구이기에 우리는 종말에 하나님의 심 판대 앞에서 이 언어라는 도구를 사용한 것에 대한 심판을 받게 된 다. 언어를 지혜롭고 효과적으로 사용하여 하나님이 기뻐하시는 선 한 열매를 거두는 것은 평생 고민하며 발전시켜야 할 사명이다.

비언어적(non-verbal) 도구들

커뮤니케이션은 언어로만 이루어지지 않는다. 많은 경우 비언어적 도구들로 이루어진다. 커뮤니케이션 전문가 알버트 메헤라비안 (Albert Meharabian) 교수에 따르면 메시지 효과의 7%는 말이나 글, 38%는 목소리의 크기나 높낮이 등과 같은 음성, 그리고 나머지 55%는 표정과 같은 신체적 움직임에 따라 결정된다고 한다.[35] 메시지 효과의 93%가 비언어적 부분들에 의해 결정되는 것이다. 비언어적 메시지는 언어적 메시지보다 그 범위와 중요성이 훨씬 큼을 알 수 있다. 그렇다면 비언어적 도구들은 어떤 것들이 있을까?

첫째, 음성이다. 음성에는 그 사람의 감정과 정서 상태가 담겨 있다. 희로애락의 상태가 목소리에 들어 있다. 평안할 때의 음성과 불안할 때의 음성이 다르다. 진실한 목소리와 거짓된 목소리가 다르다.

둘째, 호흡도 비언어적 커뮤니케이션의 일종이다. 숨이 가쁜 것과 안정된 호흡은 주는 메시지가 다르다.

셋째, 표정도 메시지를 준다. 얼굴 표정에서 눈의 위치도 사람 내면에 일어나는 상태에 대한 메시지를 준다.[36]

아래의 얼굴을 보라. 눈동자가 오른쪽 위를 향해 있을 때는 계획

이나 약속과 같은 것을 떠올릴 때를 나타낸다. 무엇인가를 말하려 할 때, 어떤 소리를 만들어내려 할 때 눈은 아래쪽을 향한다. 시각적 장면을 떠올릴 때, 누군가의 말소리나 음악을 회상할 때 눈은 왼쪽을 향한다. 과거에 있었던 무엇인가의 감흥이나 느낌을 표현하거나 무엇인가를 내면에서 깨달을 때 눈은 오른쪽 아래를 향한다. 일반적으로 시선이 오른쪽으로 향할 때는 창의적인 영역의 기능(상상, 거짓, 과거의 감각 탐색)을 하고, 왼쪽으로 향할 때는 기억을 회상하거나 평가하거나 진실을 판단하거나 표현하는 것과 관계있는 것으로 본다.

넷째, 몸짓과 손짓 같은 제스처도 다양한 메시지를 전한다. 팔짱을 끼고 말하는 것과 다리를 꼬는 것 등의 행동 하나하나가 여러 메시지를 전할 수 있다.

다섯째, 옷차림이다. 옷을 어떻게 입었고 어떤 색깔의 옷을 입었느냐가 다양한 메시지를 줄 수 있다. 이따금 국내나 해외의 대통령이나 영부인의 옷차림이 화제가 될 때가 있다. 이는 이들의 옷차림이 대사회적인 메시지를 은연중에 주기 때문이다.

리더의 비언어적 메시지와 언어적 메시지가 일치할 때 리더는 신뢰를 얻는다. 야고보서 1장 22절은 "너희는 말씀을 행하는 자가 되고 듣기만 하여 자신을 속이는 자가 되지 말라"고 말씀한다. 우리의 비언어와 언어적 커뮤니케이션이 일치하는 것이 성도다운 모습임을 말씀하는 것이다.

성경이 말씀하는 비언어적 커뮤니케이션의 클라이맥스는 성육신이다. 다음의 말씀을 보자.

> "태초부터 있는 생명의 말씀에 관하여는 우리가 들은 바요 눈
> 으로 본 바요 자세히 보고 우리의 손으로 만진 바라"(요일 1:1).
> "말씀이 육신이 되어 우리 가운데 거하시매 우리가 그의 영광
> 을 보니 아버지의 독생자의 영광이요 은혜와 진리가 충만하
> 더라"(요 1:14).

성육신은 태초부터 있는 생명의 말씀이 우리가 직접 보고 만질
수 있도록 우리 가운데 거하신 사건이다. 이런 그리스도와 동행하는
우리는 그의 편지가 되어 우리의 삶의 모습을 통해 아름다운 향기를
날리며 읽히게 된다.

> "너희는 우리의 편지라. 우리 마음에 썼고 뭇 사람이 알고 읽
> 는 바라"(고후 3:2).
> "우리는 구원받는 자들에게나 망하는 자들에게나 하나님 앞에
> 서 그리스도의 향기니"(고후 2:15).

효과적인 커뮤니케이션의 원리

사도 바울의 제1차 선교여행 기간 중 바울과 바나바는 어떻게 하

면 사람들에게 효과적으로 복음을 증거할 수 있을지를 체득했던 것 같다. 사도행전 14장에 이르면 아주 인상적인 표현이 등장한다. "이 에 이고니온에서 두 사도가 함께 유대인의 회당에 들어가 말하니 유 대와 헬라의 허다한 무리가 믿더라"(행 14:1). 이를 영어 성경(NIV)은 두 사도가 "매우 효과적으로 커뮤니케이션을 해서"(they spoke so effectively) 많은 이가 믿게 되었다고 표현한다. 복음을 증거하며 각 도시에 도착할 때마다 회당을 중심으로 복음을 증거했던 이들은 제1 차 선교여행 후반부에 갈수록 어떻게 해야 복음을 효과적으로 증거 할 수 있는지를 여러 시행착오를 통해 체득했던 것 같다.

그렇다면 효과적인 커뮤니케이션을 위해서 고려해야 할 것은 무 엇일까? 가장 중요한 것은 커뮤니케이션에 소음을 발생시키는 소음 장벽을 효과적으로 차단하는 것이다. 수신자와 송신자 사이에는 전 제하는 기대, 경험, 가치관, 주변 환경 등이 차이가 나기에 작은 소 음만 발생해도 송신자의 메시지를 왜곡하여 받아들일 가능성이 높 다. 보통 수신자와 송신자 사이에 효과적으로 커뮤니케이션을 한다 하더라도 송신자가 의도하는 것의 30% 정도밖에 소통되지 못한다 고 한다.

그도 그럴 것이 교회에서 예배를 마칠 즈음에 광고를 하면 이것 을 잘 듣고 반응하는 사람이 30%도 채 되지 않음을 체감한다. 예배 를 마치고 성도들이 교회 소식에 관해 궁금한 것을 묻는데 광고시간 에 이야기했던 것을 또다시 반복적으로 묻는 경우가 많다. 또 교회 에 무슨 행사가 있으니 참여 신청을 하라고 하면 마감시한을 지나서 신청하는 경우가 많다. 광고를 몇 주간 하지 않았냐고 하면 못 들었다고 한다. 다른 집사님이 이야기해서 뒤늦게 알고 신청했다는 것이다. 특히 효과적인 커뮤니케이션을 할 때 사용하는 언어에 대한 친절한 설명이 필요하다. 행사명을 잘 설명해주어야 하고 단어를 잘 설명해주어야 한다. 서로 전제하는 언어의 의미가 다르기 때문이다.

효과적인 커뮤니케이션을 위해서는 사전에 준비가 필요하다. 내가 의도하지 않은 왜곡된 메시지가 전달될 수 있는 여지를 사전에 차단하고, 잘못된 정보를 반복하지 않도록 사전에 점검할 필요가 있다. 한번 잘못된 정보로 커뮤니케이션을 하면 첫인상이 강렬하게 각인되어 있어 이것을 바꾸는 것이 쉽지 않다. 커뮤니케이션은 엄밀한 의미에서 이전의 커뮤니케이션을 깨끗이 지우고 번복할 수 없다. 그렇기에 준비가 필요하다. 또한 커뮤니케이션은 한 번에 자신의 의도가 100% 전달될 수 없음을 알고 반복할 필요가 있다. 그러나 반복을 싫어하는 경향이 있기에 그때마다 조금씩 다른 각도로 반복의 중요성을 효과적으로 전달할 필요가 있다.

영향력 있는 커뮤니케이션을 위한 세 가지 요소

리더십의 영향력은 효과적인 커뮤니케이션과 밀접한 관계가 있다. 송신자와 수신자 관계에서 효과적인 커뮤니케이션을 위해서는 소음 장벽을 효과적으로 차단하는 것이 중요하다. 그렇다면 송신자 (주로 리더)의 입장에서 효과적인 커뮤니케이션을 위해 필요한 것은 무엇일까? 크게 세 가지를 꼽을 수 있다.

첫째, 신뢰성(credibility)이다.

이는 송신자가 얼마나 신뢰할 만한가에 관한 것이다. 송신자의 신뢰성은 먼저 그의 언어적 메시지와 비언어적 메시지가 얼마나 일치하느냐가 중요하고, 또한 시간이 지나도 변함없이 신실하고 일관된 메시지를 전달할 수 있느냐가 중요하다.

둘째, 객관성(objectivity)이다.

이는 한 문제에 대해 송신자 중심의 편파적 입장만이 아닌 수신자 입장, 그리고 주변의 여러 입장을 얼마나 공정하게 다루었느냐에 관한 것이다.

셋째, 지식(knowledge)이다.

이는 한 사안에 대해 얼마나 폭넓고 전문적인 지식을 갖고 있느냐에 관한 것이다.

이를 부정적인 측면에서와 긍정적인 측면에서 각각 적용하면 다음과 같다. 먼저는 영향력이 없는 리더다. 그런 리더는 말과 행동이 다르고 시간이 지나면 또 입장이 바뀌어 도무지 신뢰가 가지 않는

데다가 한쪽의 근거 없는 말만 듣고 흥분해서 편파적으로 일방적 커뮤니케이션을 하는 특징을 갖는다. 반면 영향력 있는 리더는 시간이 갈수록 변함없이 말과 행동이 일치하여 그가 존재하는 것만으로도 신뢰를 얻는다. 또한 모든 사안에 대해 자기중심적으로 생각하지 않고 모두의 입장을 종합적으로 고려하되 억측이 아닌 객관적인 자료와 지식에 근거하여 공정한 소통을 한다.

▌커뮤니케이션의 태도를 점검하라

▌리더의 영향력 있는 커뮤니케이션을 위해 필요한 것이 그 태도를 점검하는 것이다. 리더가 커뮤니케이션할 때 태도는 크게 네 가지로 나눌 수 있다.[37]

1) 자기 부정 – 타인 긍정 : I'm not O.K. – You're O.K.
2) 자기 긍정 – 타인 부정 : I'm O.K. – You're not O.K.
3) 자기 부정 – 타인 부정 : I'm not O.K. – You're not O.K.
4) 자기 긍정 – 타인 긍정 : I'm O.K. – You're O.K.

이를 하나하나 살펴보도록 하자.

첫째, 자기 부정 - 타인 긍정의 태도다.

자기 부정–타인 긍정은 자신을 다른 사람보다 열등하게 생각하는 삶의 자세다. 늘 타인과 비교하고 또 비교당하며 자신을 열등하게 생각하다 보니 타인과의 관계에서 문제가 생기면 늘 자기를 탓한다. 매사에 자신이 없다. 많은 사람이 바로 이 자세로 삶을 시작한다.

둘째, 자기 긍정 - 타인 부정의 태도다.

자신이 다른 사람보다 뛰어나다는 우월의식을 갖는다. 상대의 의견을 경청하기보다는 무시하고 항상 자기주장만 내세우고 자랑하고 교만한 태도를 보이기 쉽다. 걸핏하면 타인의 못마땅한 점을 찾아 비판하기에 바쁘다. 자기표현은 강하지만 타인에 대한 민감성이나 존재에 대한 의식은 부족하다. 둘 사이에 문제가 생기면 항상 타인을 탓한다. 상대에 대한 존경심이 없어 원만한 인간관계를 유지하기 어렵다.

셋째, 자기 부정 - 타인 부정의 태도다.

이는 자신과 상대 모두를 부정적으로 보는 삶의 자세다. 그러다 보니 세상의 모든 것이 부정적이다. 항상 우울하고 절망한다. 그래서 사소한 것에도 쉽게 상처받고 분노한다. 조금만 마음이 상하면 "그래, 나 못났다. 그런 너는 뭐가 잘났냐"라는 식으로 덤빈다. 자칫하면 너 죽고 나 죽자는 식의 물귀신 작전을 서슴없이 감행하기 쉽다.

```
        │
        │   자기 긍정 - 타인 부정          자기 긍정 - 타인 긍정
        │    ( Win & Lose )               ( Win & Win )
        │
        │
        │   자기 부정 - 타인 부정          자기 부정 - 타인 긍정
        │    ( Lose & Lose )              ( Lose & Win )
     ↑  │
    용기 │
        └─────────────────────────────────────────
        겸손, 배려 →
```

■ 도표 10. 커뮤니케이션의 태도 점검표

넷째, 자기 긍정 - 타인 긍정의 태도다.

자신과 상대 모두에 대해 긍정적으로 생각한다. 내가 소중한 만큼 타인도 소중하다고 생각하여 상대에 대한 배려도 깊다. 먼저 상대방을 이해하려 하고, 또한 자신에 대한 자기 이해도 깊다. 함께 긍정하며, 함께 유익을 얻는 상생(相生)의 방법을 모색한다. 건강한 자기 긍정–타인 긍정의 태도로 나아가기 위해서는 자기 부정에서 자기 긍정으로 나아가는 용기와 함께 타인 부정에서 타인 긍정으로 나아가기 위한 배려와 겸손이 함께 가야 한다. 이를 표로 나타내면 〈도표 10〉과 같다.[38]

이러한 인식의 분류는 사람을 인격으로 보느냐 사물로 보느냐에 따라서도 구분할 수 있다. 사람을 성경이 이야기하는 하나님의 형상을 가진 존귀한 피조물로 볼 때 우리는 인격적 존재이다. 반면 사람

	타인 의식	
	사물	사람
자기 표현 사물	폐쇄적 고정관념 closed stereotype	폐쇄적 민감성 closed sensitivity
사람	열린 고정관념 open stereotype	열린 민감성 open sensititi

■ 도표 11. 커뮤니케이션의 태도 방식

을 목적을 위해 필요한 도구나 부속품 정도의 역할을 하는 존재로
보면 그 사람은 사물에 불과하다. 인격에는 사귐과 교제와 관계가
소중하지만 사물에는 수행능력과 생산효율 등의 도구적 가치가 중
요하다. 상대를 인격적인 존재로 보느냐, 도구적인 존재로 보느냐에
따라 상대방을 대하는 방식이 달라진다. 상대방을 나를 위한 도구로
만 사용하려 할 때 소위 말하는 갑질의 횡포가 시작되는 것이다. 이
를 표로 나타내면 〈도표 11〉과 같다.[39]

　사람을 사물로 볼 때 그 사람에게는 변화의 여지가 없다. 내가
판단하면 그것으로 그 사람에 대한 평가는 고착화되고 이는 그 사람
에 대한 고정관념으로 자리잡는다. 반면 사람을 인격적인 존재로 볼
때 거기에는 개방성과 변화에 대한 가능성과 민감성이 자리잡는다.
나를 사물로 보면 나는 원래 그런 폐쇄적인 존재로 전락하는 반면,

인격적인 존재로 볼 때 스스로에 대한 개방성이 싹트게 된다. 또한 타인을 인격적인 존재로 대할 때 그에 대한 민감성이 자라게 된다. 성경은 이에 대하여 다음과 같이 말씀한다.

"새 계명을 너희에게 주노니 서로 사랑하라. 내가 너희를 사랑
한 것같이 너희도 서로 사랑하라"(요 13:34).
"내 계명은 곧 내가 너희를 사랑한 것같이 너희도 서로 사랑하
라 하는 이것이니라"(요 15:12).

우리는 하나님이 우리를 사랑하신 것같이 타인을 서로 사랑하는 개방적 민감성으로 나아가야 한다.

먼저 열정적으로 들어라

구성원들과 영향력 있는 커뮤니케이션을 위해서 리더에게 요청되는 주요한 덕목은 잘 듣는 것이다. 단순히 듣기만 하는 것이 아니라 적극적인 태도로 열정적으로 경청해야 한다. 열정적으로 경청할 때 그에게 있는 소음장벽을 발견하고 제거할 수 있으며 그의 신뢰를 얻어 효과적인 의사소통이 가능해진다.

단순히 듣는 것과 열정적 경청은 차이가 있다. 듣는 것은 수동적으로 들리는 것을 듣는 반면, 열정적 경청은 적극적인 태도로 몸을

앞으로 기울여 듣는 것이다. 듣는 것은 들리는 소리를 듣지만 경청은 그 안에 감추어진 의미와 더 나아가 그의 깊은 속마음을 듣는 것이다. 듣는 것은 귀에 들리는 자극을 듣지만 경청은 오감을 다 활용하여 적극적으로 그의 전 존재를 듣는 것이다. 듣는 것은 단순히 들리는 것을 듣지만 경청은 그가 말하고자 하는 의도와 마음을 분별하여 내면에 정리하는 작업을 한다. 이처럼 열정적 경청은 단순히 듣는 것과는 커다란 차이를 가른다. 효과적인 커뮤니케이션으로 선한 영향력을 끼치고자 하는 리더라면 반드시 열정적 경청자가 되어야 한다. 먼저는 하나님의 음성을 듣기 위한 열정적 경청자가 되어야 하고, 다음은 자신이 섬기는 팔로워들 소리의 깊은 것을 듣는 열정적 경청자가 되어야 한다.

32) 이에 관한 분별의 과정은 양형주, 「내 인생에 비전이 보인다」(서울: 홍성사, 2007), 208-210쪽을 참조하라.

33) 위의 표는 양형주, 「내 인생에 비전이 보인다」, 211쪽의 표를 수정한 것이다.

34) 이 장의 내용은 2002년 8월 하와이 마우이에서 개최했던 하가이 리더십 센터(Haggai Leadership Institute)에서 다나라즈 박사(Dr. Atrhur Dhanaraj)가 강의했던 '효과적인 크리스천 커뮤니케이션'(Effective Christian Communication) 강의에서 많은 도움을 받았음을 밝혀둔다.

35) "Albert Mehrabian", en.wikipedia.org/wiki/Albert_Mehrabian

36) 표창원, 「숨겨진 심리학」(서울: 토네이도, 2011), 107-108쪽.

37) 박영근, 「말 통하는 세상에 살고 싶다 1」(서울: 씨앗을뿌리는 사람, 2002), 188쪽.

38) 스티븐 코비, 김경섭 외 역, 「성공하는 사람들의 7가지 습관」(서울: 김영사, 1994), 301쪽.

39) 박영근, 「말 통하는 세상에 살고 싶다 1」, 252쪽.

1. 나의 언어적, 비언어적 커뮤니케이션의 특징과 강점은 무엇입니까?

2. 내가 종종 경험하는 커뮤니케이션 장벽은 무엇인가요?

3. 나의 커뮤니케이션 태도는 어떠합니까?(〈도표 10〉 커뮤니케이션의 태도
   점검표 참조). 효과적인 커뮤니케이션을 위해 내게 필요한 변화는 무엇일
   까요?

• 고객이 문구점에 와서 1만 원짜리 지폐로 2천 원짜리 펜을 사려고 했습니다. 1만 원짜리 지폐를 주자 주인은 거스름돈이 없었습니다. 그래서 옆 가게 가서 천 원짜리로 바꾸었습니다. 다시 와서 고객에게 8천 원을 거슬러 주었습니다. 그런데 조금 있다가 옆 가게 주인이 1만 원짜리가 위조지폐라고 하면서 진짜 돈을 달라고 하였습니다. 그래서 원래 주인은 진짜 지폐 1만 원을 옆 가게 주인에게 돌려주었습니다. 이 주인이 입은 손해는 얼마인가요? (자신이 확신한 대답을 갖고 옆에 있는 이들을 설득해보고, 상대방의 논리를 열정적으로 경청해보세요.)

여기까지 달려온 독자 여러분께 축하와 격려의 박수를 보낸다!

바쁜 와중에 하나님의 부르심에 응답하기 위해 이 책의 안내를 따라 여기까지 온 그대는 이제 수줍지만 당당한 리더다. 수줍어도 괜찮다. 부끄러워도 괜찮다. 자격이 없고 모자란 것 같아도 괜찮다. 그대를 부르신 주님께 집중하면 된다. 그분의 인도하심을 기쁨으로 신실하게 따라가면 된다. 그러다 보면 자신도 모르는 사이에 광야에 백합화가 피는 것을 볼 것이다. 부르신 그곳에서 아름다운 꽃이 피고 향기가 날리며 열매가 맺히길 간절히 소망하고 기대한다.

양형주 드림